U0591113

国际教育合作交流趋势与挑战

文舒诺 ◎ 著

中国商务出版社

·北京·

图书在版编目（CIP）数据

国际教育合作交流趋势与挑战 / 文舒诺著 . —— 北京：
中国商务出版社 , 2024. 11. —— ISBN 978–7–5103–5406
–9

I. G51

中国国家版本馆 CIP 数据核字第 20259SH409 号

国际教育合作交流趋势与挑战

文舒诺　著

出版发行：中国商务出版社有限公司

地　　址：北京市东城区安定门外大街东后巷 28 号　邮编：100710

网　　址：http://www.cctpress.com

联系电话：010—64515150（发行部）　010—64212247（总编室）
　　　　　　010—64515164（事业部）　010—64248236（印制部）

责任编辑：薛庆林

排　　版：河南济航文化有限公司

印　　刷：宝蕾元仁浩（天津）印刷有限公司

开　　本：787 毫米 ×1092 毫米　1/16

印　　张：13.25　　　　　　　字　　数：215 千字

版　　次：2024 年 11 月第 1 版　　印　　次：2024 年 11 月第 1 次印刷

书　　号：ISBN 978–7–5103–5406–9

定　　价：79.00 元

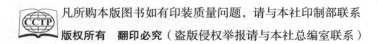

前 言

　　近年来，随着经济的迅猛发展，社会对教育的重视程度不断提升。国际教育合作作为现代教育发展的重要趋势，对学生综合能力的培养和发展具有重要意义。在这一背景下，本书深入探讨了国际教育合作的历史发展、时代背景、现状与问题，以及未来趋势等。

　　本书从国际教育合作的起源出发，梳理其历史脉络，分析近现代的发展演变及其特点，并剖析全球化、国际政策环境、教育信息化及文化多样性如何共同推动国际教育合作的需求发现和挑战。通过多维度案例的深入分析，展示国际教育合作的实践形式与成效。最后，对国际教育合作的未来趋势进行展望，探讨科技进步与全球化的深度融合对国际教育合作的潜在影响，并提出了应对未来挑战的策略与建议。

　　在全球化的时代浪潮中，国际教育合作交流日益成为推动教育发展的重要力量。本书旨在为读者打开一扇洞察国际教育动态的窗户。

　　当我们放眼全球，会发现国际教育合作交流呈现出多元化、多维度的发展趋势。这些趋势为学生提供了更广阔的学习平台，为教育从业者拓展了职业发展空间，也为教育机构带来了创新发展的机遇。通过深入了解国际教育合作交流趋势，我们能够拓展视野，把握时代赋予的机遇，积极探索适合本土的教育创新之路，引入国际先进的教育理念和教学方法，推动教育改革不断向前迈进。

　　然而，国际教育合作交流并非一帆风顺，其中也充满了各种挑战。文化差异可能导致沟通障碍，政策法规的变化影响合作的稳定性，质量保障更是国际教育合作交流中必须高度重视的问题。认识这些挑战，能让我们在参与国际教育合作交流时更加谨慎，增强风险意识，提前做好应对准备，制定相应策略，以降低潜在风险的影响。同时，对挑战的深入分析也将激发我们积极思考解决问题的方法，为国际教育合作交流的顺利开展贡献智慧。

希望本书能为读者带来启发，无论是渴望获取更优质教育资源的学生，还是致力于推动教育发展的教育从业者和机构，都能从本书中汲取力量，在国际教育合作交流的舞台上展现风采，为培养具有全球视野和跨文化交流能力的人才，促进国际交流与合作贡献自己的一份力量。

作者

2024.5

目 录

第一章　绪　论

　　随着全球化的深入发展，国际教育合作交流已成为推动教育创新、提升人才培养质量的重要途径。在此背景下，探讨"国际教育合作交流趋势与挑战"显得尤为重要。在这个充满机遇与挑战的时代，如何把握国际教育合作交流的新趋势，应对各种困难，实现互利共赢，已成为各国教育界共同关注的焦点。国际教育合作交流是一种跨越国界和文化的合作方式。其通过多种形式和层面的互动，增进全球教育资源的共享与优化，推动教育理念和教学方法的互学互鉴，并且促进不同文化之间的理解、尊重和包容。

　　高等教育机构是国际教育合作交流的核心力量，是这一领域的主要参与者，致力于推动学术交流、学生交换项目和科研合作的发展。这些教育机构通过建立稳固的校际合作关系，为国际教育合作交流搭建了坚实的基础。高等教育机构积极开展教师和学生交流项目，不仅丰富了参与者的教育经历，也促进了教育资源的流动和融合。通过共同开发课程和教学材料，高等教育机构实现了教育资源的互补和共享，提升了教学内容的国际化水平。国内外高等教育机构共同进行科研项目合作，推动了科学技术的进步和创新。这种跨国界的科研合作，加速了研究成果的产出，为解决全球性问题提供了智力支持。这种合作提升了教育质量，使得教学内容更加多元化和国际化，而且为学生提供了更为广阔的学习和研究平台。在这个平台上，教师可以提升自身的教学和研究能力，学生可以获得国际视野；不同国家和地区之间教育理念和教学方法得以交流促进，为教育改革和创新提供了新的思路。通过这些活动，高等教育机构在全球教育舞台上发挥了桥梁和纽带的作用，为培养具有国际竞争力的优秀人才做出了积极贡献。总之，高等教育机构在国际教育合作交流中的积极参与，促进了教育资源的优化配置，为全球教育的繁荣与发展注入了新的活力。

政府和国际组织在国际教育合作交流中也扮演着重要角色。政府通过制定相关政策，提供资金支持，以及建立国际合作平台等方式，为教育合作提供了坚实的政策保障和物质基础。国际组织，如联合国教科文组织、世界银行等，通过制定国际教育标准和准则，推动全球教育公平，协调国际教育合作项目，为全球教育发展提供了指导和帮助。

此外，国际教育合作交流是推动教育资源共享和技术创新的渠道，也是促进跨文化交流和理解的重要条件。通过参与教育交流，人们有机会深入接触和学习不同的语言，这既提升了语言技能，也让他们能够了解不同的文化背景和社会制度。在这样的交流过程中，参与者逐步培养出跨文化沟通能力，这种能力在当今多元文化交织的世界中十分珍贵。通过了解和尊重彼此的文化差异，人们增进彼此之间的理解和尊重，减少误解和冲突，这对于构建一个多元、和谐、共生的国际社会具有深远的意义。在这样的社会氛围中，不同国家和地区的公民能够更好地合作，共同应对全球性挑战，推动人类社会的共同进步。因此，国际教育合作交流是个人成长和职业发展的宝贵经历，更是推动全球和平与发展的重要力量。

综上所述，国际教育合作交流是一种多层面、多方位的合作与交流活动。其促进了教育资源的优化配置，推动了教育理念和方法的创新发展，而且加深了不同文化之间的理解和尊重，为构建人类命运共同体做出了积极贡献。

国际教育合作交流的形式多种多样，包括但不限于以下两种。

一、学生交流项目

学生交换项目，如学期交换、暑期项目等，允许学生到其他国家或地区学习，体验不同的教育体系和文化。关于学生交流项目，下面有两个具体的成功案例。

（一）中国政法大学法学院的学生交流项目经验分享会

这些分享会旨在鼓励学生参与国际交流，锻炼能力，开拓视野。通常由中国政法大学法学院外事办公室和法学院分团委主办，并得到法学院学生会办公室的支持。在这些活动中，参与过国际交流项目的学生分享了他们的经历和所学到的知识。

在 2019 年 4 月 25 日举办的一次分享会上，多位学生介绍了他们参与的交流项目，包括美国加利福尼亚大学戴维斯分校与伯克利分校的暑期项目、华沙—北京大学生论坛、中澳法律夏令营、牛津大学奥利尔学院—剑桥大学莫德林学院的暑期项目等。这些学生详细介绍了各自项目的概况和在海外学习与生活的经历。他们的分享为其他同学提供了宝贵的信息，激发了大家对国际交流的兴趣。

中国政法大学法学院还参与了"学问"北京地区高校学生工作经验分享会，这是由多个北京高校学生代表参加的活动，是为了分享学生会工作经验和做法。在这些活动中，法学院展示了自身的优势，也学习了他校的宝贵经验，促进了高校之间的合作与交流。这些分享会不仅提供了一个交流平台，让学生能够相互学习、交流经验，也增强了中国政法大学法学院在国际交流方面的活动和影响力。通过这些活动，学生对国际交流项目有了更深入的了解，也为他们未来的国际交流经历奠定了基础。

（二）北京交通大学经管学院国际交流项目经验分享会

分享会由北京交通大学经管学院国际交流中心组织，并邀请有国际交流经验的学生代表分享他们的经历和所学到的知识。

在 2023 年 3 月 9 日举办的一次分享会上，六位学生代表分享了他们在法国里尔经济管理学院、法国斯特拉斯堡大学、瑞典哥德堡大学、斯洛文尼亚卢布尔雅那大学，以及美国杜肯大学和得克萨斯农工大学的交流经历。他们详细介绍了各自的学习和生活经历，包括课程内容、文化差异、生活趣事，并提供了实用的建议和技巧给有意向参加国际交流的同学。

北京交通大学经管学院提供了多种国际交流项目，包括本科生交换项目、本科生"2+2"项目、本科毕业硕士推荐（"4+1"）项目、硕士"1+1"项目、短期交流项目（寒暑假）、研究生公派项目等。这些项目能够推动学生教育的国际化发展，提升学院的国际化程度，并吸引更多的国际学生来院学习。

北京交通大学经管学院还举办了针对 2023 级本科生的国际交流项目宣讲会。其推动了开放合作，贯彻落实了建设高质量教育体系的内在要求，并推进北京交通大学高水平制度型开放。宣讲会全面介绍了本科生国际班的相关事项及本科生国际交流项目，对家长和学生的疑问进行了解答。北京交通大学经管学院通过组织国际交流项目经验分享会和针对特定年级的宣讲会，充分展现了其在推动教育国际化方面的积极努力。学生代表的分享为有意向参加国际交流的同学提供了宝贵的经验和建议，而丰富多样的国际交流项目为学生提供了广阔的发展平台。这些举措有助于提升学生的综合素质和拓展学生的国际视野，也为经管学院的国际化发展和高水平制度型开放注入了新的活力。

二、国际会议和论坛

国际会议、论坛和研讨会是促进全球教育工作者和学者交流的重要平台。这些活动通常围绕特定的教育主题，吸引来自世界各地的专家和学者参与，共同探讨教育领域的最新趋势、研究成果和实践经验。

关于国际会议和论坛的成功案例，以下是三个具体的案例。

（一）2024年AUCA海外高校驻华联盟会员大会

2024 年 6 月 21 日，AUCA 海外高校驻华联盟会员大会在上海同济大学经济与管理学院成功举行。这次大会聚焦于高等教育的国际合作与交流，吸引了三十多位海外高校驻华代表、中国高校代表，以及同济大学同仁的参与。会议内容包括对国际教育合作的创新模式与成功案例的探讨，以及圆桌讨论环节，其中来自不同合作项目的代表分享了他们的经验。此外，ETS 代表团也带来了托福和 GRE 考试的最新趋势分析。

AUCA 海外高校驻华联盟还在北京康奈尔中国中心举办了年度颁奖典礼，以"可持续发展教育"为主题，探讨并分享可持续发展在教育领域的最佳实践。颁奖典礼上，颁发了多个奖项，包括"最佳合作高中""最佳合作大学""最佳政府合作伙伴"和"最佳企业合作伙伴"等。这次活动回顾了过去的合作历程，为未来的合作发展提供了展望，展示了教育领域全球化进程中的合作与创新。

（二）《"一带一路"教育国际交流优秀案例选集》发布

2021 年 12 月 4 日，在上海发布了《"一带一路"教育国际交流优秀案例选集》，这是一本汇集了来自中国各地 33 所高等教育、职业教育和基础教育学校的 35 个优秀案例的书籍。这些案例分享了各个学校自 2013 年以来在共建"一带一路"倡议下，围绕教育国际交流，在区域合作、平台建设、人才培养、合作办学、青年交流、科研合作等方面开展的教育国际化探索和实践。书中每个案例都配有照片，真实记录了国际化实践中的精彩时刻，旨在推动各教育层次的单位、机构学习典型，全面进步，进一步讲好"中国故事"，打造教育对外开放新高地，提供经验分享和交流平台，更好地服务社会，提高我国教育国际化发展的能力。

（三）2022 年职业教育国际合作与交流百所典型院校

2022 年，中国职业教育领域在国际合作与交流方面取得了显著成就，特别是在共建"一带一路"倡议的推动下，众多职业院校积极参与并贡献了宝贵的经验和案例。例如，在 2022 EducationPlus（第六届）国际职业教育大会上，共有 100 所职业院校被选为"2022 年职业教育国际合作与交流典型院校"。这些院校在推动技术技能人才培养、职业教育发展和区域经济发展方面做出了突出贡献，并在国际合作和人文交流方面形成了良好的国际影响。

江苏食品药品职业技术学院就是一个成功的案例，学校推行"在地国际化"发展理念，以国际课程为核心，搭建跨文化交流平台，致力于双向交流努力，开创了国际化人才培养的新模式和新举措。同样，成都职业技术学院也在职业教育国际合作与交流方面取得了突出成绩，其通过与不同国家和地区的院校合作，提升了职业教育办学质量，为国际服务做出了贡献。此外，上海电子信息职业技术学院也成功入选了"2022 职业教育国际合作典型院校"，该学院以共建"一带一路"倡议为指导，打造高职国际化品牌，培养国家智能制造领域的人才。这些院校的成功经验展示了中国职业教育在国际合作与交流方面的成就，并且为其他院校提供了宝贵的经验和启示。通过这些合作与交流，中国的职业教育提升了自身的教育质量，为全球职业教育发展作出了贡献。

通过这些活动，参与者可以共同探讨教育领域的最新趋势、研究成果和实践经验，从而促进不同国家和地区之间的学术交流和知识共享。

三、中国在国际教育合作中的多重角色

国际教育合作交流的目的是通过不同国家之间的合作与交流，促进全球教育的发展，增进各国人民之间的相互理解和尊重，并提升参与国家的教育水平和国际化程度。中国在国际教育合作中扮演了多重角色，这些角色共同构成了其在全球教育中的重要地位。

中国是"世界全民教育发展的贡献者"。自 20 世纪 80 年代以来，中国加速推进全民教育，实现了普及九年义务教育和扫除青壮年文盲的目标。中国在全球人力资源发展方面为发展中国家提供了可效仿的样本。

（一）普及基础教育

中国实现九年义务教育普及和基本消除文盲，是改革开放以来教育领域取得的重大进展之一。这一成就的取得，得益于中国政府的大力投入和政策支持。政府通过制定和实施相关法律法规，如《中华人民共和国义务教育法》，确保了所有学龄儿童都能接受基础教育。中国政府还采取了一系列措施，如免除农村义务教育阶段学生的学杂费，提供免费教科书，改善农村学校的教学条件等，以进一步促进教育公平。通过实施素质教育，推进课程改革，提高教育质量，中国的基础教育取得了明显成效，为提高国民整体素质和促进社会进步奠定了坚实的基础。

（二）高等教育扩张

自 20 世纪 80 年代以来，中国高等教育经历了巨大的变革和发展。这一时期，中国实施了一系列教育改革措施，包括扩大高等教育规模、增加高校数量、提高

教育质量等。在这个过程中，中国政府鼓励和支持私立大学和其他非政府组织办学，并且在原有大学的基础上进行扩张和升级。这些措施极大地增加了高等教育的入学机会，为数以万计的学生提供了接受高等教育的机会。中国高等教育的发展还体现在学科建设和科研能力的提升。中国高校在各个学科领域都有一定进展，包括工程、自然科学、社会科学和人文学科等。中国高校的科研产出在全球范围内占有重要地位。随着中国经济的快速发展和国家对教育的持续投入，中国的高等教育体系不仅规模扩大，质量也在不断提升，越来越多的高校和学科进入世界一流行列。中国高等教育的这一变革和发展，为国家的现代化进程提供了强有力的人才和智力支持。

（三）教育扶贫

中国政府将教育视为扶贫工作的重要手段之一，通过教育提升贫困地区人口的素质和技能，这有助于打破贫困的代际传递，实现可持续脱贫。在精准扶贫政策下，中国政府采取了一系列措施来保障贫困地区儿童接受良好的教育：①对于家庭经济困难的学龄儿童，政府提供助学金、免费午餐、住宿补贴等，确保他们能够顺利完成学业。②政府投入资金，改善贫困地区的学校设施，包括建设校舍、图书馆、实验室等，提升教育环境。③通过实施特岗教师计划、教师交流轮岗等措施，提高贫困地区教师的教学水平，并鼓励优秀教师到贫困地区任教。④推进课程和教学方法改革，引入信息技术等现代教育手段，提高教育质量。⑤针对贫困家庭青年，提供职业教育和技能培训，帮助他们掌握一技之长，增加就业机会。⑥对于残疾儿童等特殊群体，提供特殊教育资源和支持，以确保他们的教育权利。中国政府通过这些措施减少了因家庭贫困导致的教育不平等，确保了每个孩子都有机会通过教育改变自己的命运，从而为社会的整体发展和进步做出了贡献。

（四）教育科技创新

随着科技的发展，中国教育部和各级教育机构积极推进信息技术与教育的深度融合，通过在线教育、人工智能、大数据等技术的应用，提高了教育效率和质量。下面是一些具体的实践和取得的成果。

①在线教育平台的兴起。中国的在线教育平台如雨后春笋般涌现，提供了从学前到高等教育的各类课程。这些平台提供了灵活的学习方式，使得优质教育资源得以跨地域共享。

②远程教育。特别是在农村和偏远地区，远程教育项目让当地学生通过互联网接入城市和发达地区的优质教育资源。

③人工智能与教育。人工智能技术被用于开发智能教学系统，通过个性化推荐和学习路径优化，帮助学生更有效地学习。AI助教和智能评估系统减轻了教师的工作负担，提高了教学效率。

④大数据分析。通过分析学生的学习数据，教育机构能够更好地理解学生的学习习惯和需求，从而提供更加个性化的教学服务。

⑤智慧校园建设。中国的高校和中学校园正在向智慧校园转型，利用物联网、云计算等技术提高校园管理的智能化水平，创造更加便捷、高效的学习环境。

⑥教育资源共享。中国正在通过数字技术推动教育资源共享，让更多的学生享受到优质的教育内容。

这些举措不仅提高了教育的可及性和质量，也为促进教育公平、实现教育现代化目标提供了有力支持。随着技术的不断进步，中国教育科技领域的创新和实践将继续深化，为全球教育发展做出积极贡献。

（五）国际影响力

中国高等教育机构的国际影响力在不断增强。随着中国经济的快速增长和国际地位的提升，中国的高等教育体系日益受到全球的关注和认可。

①国际学生数量增长。中国是世界第三大留学生接收国，仅次于美国和英国。大量的国际学生选择来中国学习，这既包括长期学位课程，也包括短期交流和语言学习项目。

②学术研究和合作。中国高等教育机构在科研领域有显著进展，许多高校的研究成果在国际上得到认可。通过与国际高校和研究机构的合作，中国在科学研究方面的国际影响力不断提升。

③国际排名提升。越来越多的中国高校在全球大学排名中有着较好的名次，如清华大学、北京大学等已经进入世界顶尖大学行列。

④"双一流"建设。中国政府推动的"双一流"（世界一流大学和一流学科）建设计划，旨在提升高等教育的整体水平，增强国际竞争力。

⑤文化交流平台。中国高校通过举办国际会议、学术交流活动等方式，成为国际文化交流的重要平台。

⑥政策支持和国际合作项目。中国政府出台了一系列政策，支持高等教育机构的国际化发展，包括建立国际合作项目、提供奖学金等。

⑦中文教育和中国文化推广。随着中文和中国文化的全球影响力增强，越来越多的国际学生对中国语言和文化感兴趣，这也是中国高等教育具有国际吸引力的因素之一。

这些因素共同作用，使中国的高等教育机构成为全球教育的重要参与者，并对全球教育发展趋势产生了深远影响。随着中国高等教育的持续发展和国际化进程的推进，其在全球教育领域的地位和影响力将进一步增强。中国的教育发展提升了国内人民的受教育水平，也为全球教育发展作出贡献，被国际社会广泛认可。

四、中国致力于成为"全球师生成长家园的维护者"

通过积极参与联合国教科文组织等国际组织的教育项目，中国在全球教育治理中发挥着重要作用。例如，中国推动了联合国教科文组织与中国的合作项目，如"中国政府长城奖学金"和"孔子扫盲奖"，为南南教育合作树立了典范。

（一）教育国际合作

中国在国际教育领域的积极参与体现了其对外开放和国际合作的政策导向。中国政府支持并鼓励与其他国家分享教育经验和资源，而且致力于支持发展中国家的教育水平提升。下面是中国在国际教育合作方面的一些主要举措。

①教育援助。中国向其他发展中国家提供教育援助，包括派遣教师、提供奖

学金、捐赠教学设备等，帮助这些国家改善教育条件和提高教育质量。

②学术交流与合作。中国的高等教育机构与全球众多知名大学和研究机构建立了合作关系，进行学术交流和科研合作，共同培养人才。

③孔子学院。孔子学院是中国推广汉语和中国文化的重要平台和桥梁，通过与外国高校合作设立，提供汉语教学和开展文化交流活动。

④共建"一带一路"教育行动。作为共建"一带一路"倡议的一部分，中国在共建国家推动教育合作，包括联合培养、学术交流、合作研究等。

⑤国际教育项目。中国高校参与国际教育项目，如联合学位项目、国际学生交流项目等，为学生提供国际视野和跨文化交流的机会。

⑥政策对话与经验分享。中国参与国际教育政策对话，分享教育改革和发展经验，特别是在基础教育、职业教育和高等教育领域。

通过这些举措，中国促进了国际教育合作和交流，向世界展示了中国的文化魅力和国家形象，特别是在支持发展中国家提高教育水平方面发挥了积极作用，且有助于提升中国教育的国际影响力和竞争力。

（二）全球教育治理

中国积极参与全球教育治理，参与联合国教科文组织等国际组织的教育项目和活动，推动全球教育标准的制定和实施。

（三）教育技术应用

中国在教育技术应用方面，通过在线教育平台和应用程序，为全球师生提供优质的教育资源和服务。

通过这些举措，中国在努力为全球师生创造一个有利于成长和发展的教育环境，成为维护"全球师生成长家园"的重要力量。

五、中国作为"中外人文交流机制的建设者"，积极推动教育对外开放和人文交流

中国与世界 181 个建交国普遍开展了教育合作与交流，与 159 个国家或地

区合作举办了孔子学院，并与 58 个国家或地区签署了学历学位互认协议。中国还积极参与全球教育治理，与联合国教科文组织、二十国集团、金砖国家等多边机制框架下的教育合作，为全球教育治理贡献智慧和力量。中国在国际教育合作中是一个积极的参与者，也是一个重要的贡献者和引领者，其在全球教育治理中的角色日益凸显。

（一）孔子学院网络

中国在全球范围内建立了广泛的孔子学院网络，致力于推广汉语和中国文化，为外国学生提供学习汉语的机会，同时也提供中国文化课程和活动，以增进外国学生对中国文化的了解和兴趣。

（二）国际学生和学者交流项目

中国的高等教育机构积极参与国际学生和学者交流项目，通过各种形式的交换生项目、联合培养项目、短期交流项目等，大力推动中外师生之间的深入交流与相互理解。在这些项目中，中国的高校为教师和学生提供了广阔的国际舞台，让他们能够亲身体验不同国家的教育模式和文化特色，从而拓宽国际视野，提升跨文化交流能力。

（三）教育合作与研究

中国的高等教育机构与国外高校和研究机构开展合作，共同开展研究项目，举办国际学术会议和研讨会，不仅提升了自身的国际影响力，也为全球学术界的交流与合作搭建了桥梁，进而推动了学术知识的创新与共享。

（四）文化交流与对话

中国积极参与国际文化交流活动，通过艺术表演、文化展览、学术讲座等形式，向世界展示了其悠久的历史文化和当代发展成就，为中外文化交流与对话搭建了平台，促进了不同文化背景下人民之间的相互理解和尊重，为构建人类命运共同体贡献了文化力量。

（五）国际教育论坛与会议

中国举办或参与国际教育论坛和会议，如"一带一路"教育国际交流论坛等，为中外教育工作者和学者提供交流平台，讨论教育领域的挑战和机遇。

通过一系列举措，中国坚定不移地致力于推动国际教育合作交流的广泛深入开展。这些举措包括但不限于搭建教育合作平台、实施学生交流项目、推动教师互访、开展联合科研等，其目的是加强不同文化背景下的相互理解和尊重，为全球教育的繁荣发展注入新的活力。中国坚持以开放的心态和务实的行动，促进不同国家和地区之间的教育资源共享，推动教育理念互鉴，以此加深各国人民之间的友谊与合作。在这一过程中，中国致力于提升自身的教育水平，在国际舞台上积极倡导和践行文化多样性，努力消除文化隔阂，增进不同文化背景下人民之间的相互理解和尊重。这些努力展现了中国的国际责任感和历史担当。通过这些举措，中国正为推动构建一个更加和平、公正、繁荣的世界，一个所有国家或地区都能共享发展成果、共同应对挑战的人类命运共同体，贡献着智慧和力量。

六、国际教育合作对全球教育发展的影响

（一）国际教育合作促进了教育资源的全球共享

这其中包括教师、课程和教学方法的交流，以及教育理念的相互借鉴。通过国际教育合作，教育资源可以跨越国界流动，使得教师和学生接触到更广泛的学习机会和观点。这种合作有助于提高教育质量和可及性，特别是发展中国家，可以从发达国家那里获得技术和资金支持，以及教育理念和方法指导。合作项目通常涉及教育质量的提升，通过引进国际先进的教育理念和实践，提高教师的教学能力和学校的整体教育水平。

（二）国际教育合作有助于增强全球教育体系的适应性和灵活性

在全球化背景下，各国教育体系需要能够应对快速变化的技术和社会需求。通过国际合作，各国可以更好地应对这些挑战。例如，通过共同开发新的课程和

教学方法，以及利用数字技术改善教育体验。在合作过程中，各国可以相互学习和借鉴有效的教育政策和制度，促进本国教育体系的改革和完善。国际教育合作通过提高教育水平，有助于推动全球范围内的经济和社会进步。

（三）国际教育合作促进了文化交流和理解

通过教师和学生的交流项目，不同国家的人民可以更好地了解和尊重彼此的文化差异，有助于培养学生全球视野和国际交流能力。然而，国际教育合作也面临一些挑战。例如，全球教育资源的分配仍然不平等，发达国家在教育投入和资源上占据优势，而发展中国家则相对落后。国际教育合作有助于提升教育的公平性，通过支持发展中国家或地区的教育项目，缩小全球教育资源的差距。此外，全球教育体系在应对不平等、包容性、相关性等方面也面临挑战。在应对全球性挑战，如气候变化、公共卫生、贫困减少等方面，国际教育合作提供了知识和技能共享，促进了国际合作和共同解决方案的制定。

总的来说，国际教育合作作为桥梁，通过促进知识、技能和文化的全球流动，为全球教育事业的进步、文化多样性的尊重，以及全球性问题的解决提供了强有力的支撑。在全球化不断深入发展的今天，国际教育合作的重要性愈发凸显。其为提升教育质量开辟了新的路径，也为增进不同文化之间的理解搭建了平台。国际教育合作在培养具有国际视野和跨文化交流能力的人才方面发挥着不可替代的作用。这些人才是全球化时代的宝贵资源，他们能够跨越国界，理解多元文化，解决复杂的问题。这不仅有助于推动经济社会的持续发展，还能促进国际间的和平与合作，为构建一个更加和谐、包容的全球社会奠定了坚实的人才基础。因此，随着全球化的不断推进，国际教育合作成为连接不同国家或地区、促进共同繁荣与进步的重要力量。

第二章　国际教育合作交流的历史发展

第一节　国际教育合作交流的起源

国际教育合作交流的起源可以追溯到新中国成立初期。在以毛泽东同志为核心的党的第一代中央领导集体带领下，新中国教育国际交流与合作事业的奠基工程伴随着开国大典的隆隆礼炮声拉开了序幕。从 1949 年新中国成立到 1978 年改革开放前探索建立社会主义教育制度的历史征程中，国际教育合作与交流开始起步和前进。通过近 30 年探索和实践，新中国国际教育合作与交流事业在开基创业和艰难曲折中奠定了辉煌发展的新基础。

一、中国早期国际教育合作交流

（一）收回教育主权，学习苏联经验，创建新的教育制度

1949 年中华人民共和国成立后，中国政府开始对教育体系进行社会主义改造，以适应新国家的需要。这一时期，中国教育体系借鉴了苏联的教育模式，特别是在高等教育和职业教育方面。苏联模式强调技术教育和专业教育，以满足工业化的需求，这与当时中国的发展目标是一致的。1949 年 12 月，新中国第一次全国教育工作会议召开，以老解放区新教育经验为基础、吸收旧教育中的某些有用经验、借助苏联经验成为建设新民主主义教育的重要政策基点。一方面，新中

国对过去接受外国津贴的 20 所高等学校、544 所中学、1133 所小学，逐步实现了教育管理权的转移，实现了实质性和卓有成效的改造；另一方面，国家教育体系全面学习"苏联经验"。这些努力，为 1956 年中共八大以后新民主主义教育方针转成社会主义教育方针和确立社会主义新型教育制度奠定了重要基础。

20 世纪 50 年代，中国进行了一系列教育改革，包括：一是教育体系的国有化，私人教育机构被收归国有，以加强国家对教育的控制和管理。二是课程和教学内容的改革，引入了以马克思主义为指导的课程和教材，强调政治教育和意识形态教育。三是为支持国家工业化进程，中国扩大了高等教育和职业教育的规模，建立了许多新的高等学府和专业学院。四是中国派遣了大量教师和学生到苏联学习，以获取先进的教育和专业知识。这些改革是为了建立一个更加统一和集中的教育体系，以支持国家的社会主义建设。随着时间的推移，中国的教育体系逐渐发展出了自己的特色，尤其是在改革开放以后，中国开始进行更多的教育实验和改革，以适应经济发展需要和社会变化。

（二）吸引留学人员回国参加新中国建设工作

在中华人民共和国成立之初，国家面临着重建和发展的巨大挑战。为了加快国家的现代化进程，特别是科技和工业的发展，中国政府非常重视吸引海外留学人员回国，利用他们的知识和技能为国家服务。新中国成立之初，就提出了"争取一切爱国的知识分子为人民服务"的主张。1949 年，中央人民政府政务院在文化教育委员会下成立办理留学生回国事务委员会。教育部制定一系列具体政策，在 6 年里吸引和争取了以钱学森等为代表的 2000 多名新中国成立前出国留学人员的回国工作。从此，争取出国留学人员回国工作成为国家出国留学工作的重要组成部分和教育国际交流与合作事业的重要内容。中国政府采取了一系列措施来吸引留学人员回国，包括：一是制定相关政策，鼓励留学人员回国参与国家的建设和发展。二是为回国留学人员提供工作和生活上的优惠条件，如安排工作、提供住房、保证家庭待遇等。三是通过媒体和海外华人社区，宣传国家的发展和建设成就，激发留学人员的爱国情怀和回国服务的意愿。四是组织留学人员参加座谈会和访问团，让他们亲身体验国家的发展和变化，增加他们对回国工作的认识。五是成立专门的服务机构，为留学人员提供回国前的咨询和帮助，以及回国后的安置服务。六是建立新的科研和教育机构，为留学人员提供工作和研究平台。大量留学人员响应国家号召，回国参与新中国建设，他们在科学研究、教育、工业、农业、医疗卫生等领域发挥了重要作用，为国家的发展作出了巨大贡献。

随着中国改革开放和现代化建设的不断推进，吸引留学人员回国建设仍然是国家的战略需求。中国政府继续出台各种政策和措施，鼓励留学人员在完成学业后回国就业，以促进国家的科技进步和社会经济发展。

（三）启动和拓展教育国际交流与合作

新中国正式的教育国际交流与合作始于与捷克斯洛伐克、波兰、罗马尼亚等东欧国家交换留学生。以此为标志，新中国出国与来华留学事业正式起步，派遣留学生学习其他国家的先进科学技术也开始提上国家议事日程，并成为向苏联派遣学习科学技术留学生的前奏。除苏联外，新中国与其他国家的教育交流与合作取得初步进展，包括留学生交流、教师交流、教育代表团和学者交流、向少数国家提供小额教育援助等。1961—1965 年，国家通过加强国内英语教育、建立研究外国问题和外国教育基地、派遣学生赴西方国家学习外语等举措，拓展与其他国家的交流。中国派遣学生到东欧国家学习，东欧国家也派遣学生到中国学习，这些留学生交换项目增进了两国间的文化理解和友谊，促进了教育资源的共享。中国邀请东欧国家的教师和专家来华交流，中国的教师和专家也前往东欧国家进行交流和教学。中国与东欧国家之间开展了联合研究项目和教学合作，共同开发课程和教材，提升教育质量和研究水平。东欧国家在教育技术和设备方面对新中国提供了援助，帮助中国建立和完善教育体系。

（四）重点向苏联派遣大量的留学生，开展对苏全面教育交流与合作

由于向苏联派遣大量的留学生，最多时达六七千人，所以在 20 世纪 50 年代的一段时间里，我国在国外有上万名留学生。与此同时，我国与苏联的教育交

流也得到全方位发展，包括建立两国政府教育部门的直接联系，聘请苏联专家来华任教，大量引进苏联高等学校教材，引进苏联的教育学和教学法，介绍推广苏联发展教育的经验，邀请苏联教育代表团考察我国教育并提出建议，推动高等学校之间建立校际联系，推动俄语教学超常规、跨越式发展。中国政府重点向苏联派遣了大量留学生，这些留学生主要集中在科学技术、工程、农业、医学等专业领域。他们在苏联的高等教育机构学习，获得了苏联的教育资源和知识技术。除了教育和科技合作，中苏两国还进行了广泛的文化交流，包括文学、艺术、电影等领域，加深了两国人民之间的相互了解和友谊。通过这些合作，我国在短时间内迅速提升了自身的科技和教育水平，为国家的现代化建设奠定了基础。同时，这些合作也加深了中苏两国之间的政治和经济联系，对我国后来的发展产生了深远影响。

（五）建立出国和来华留学管理制度

1956 年后，来华留学生规模扩大，留学生生源国也日益多样化。随着来华留学事业的发展，与之相关的留学生管理制度也逐步建立起来。国家召开了一次来华留学工作会议，出台了第一份有关来华留学生管理工作的法规性文件；召开了两次出国留学工作会议，将出国留学人员的工作方针从"根据国内的建设需要学习苏联的先进技术"调整为"专业上保证重点、兼顾一般；保证质量、研究生为主；满足短期需要也要兼顾长远"；还颁布了第一个全面的出国留学生工作管理制度文件。

（六）在曲折中拓展教育国际交流与合作

"文化大革命"初期，我国教育对外交流陷入停滞。20 世纪 70 年代初，我国教育对外交流逐步取得恢复性发展。应外交需要开始派遣留学生赴国外学习外语，且第一次派遣教育代表团出访美国、英国、澳大利亚等发达国家；来华留学和来华进行教育访问的国家尤其是发达国家明显增多。以法国一所高等学校安排学习中文的学生自费到北京语言学院交流数周为标志，我国自费来华留学也正式登上了历史舞台。

二、其他国家的国际教育合作交流

国际教育合作不仅限于中国，而是全球性的现象。许多国家都积极参与国际教育合作，以促进教育资源共享、学术研究交流，以及文化的理解与尊重。下面是一些国家在国际教育合作方面的案例：

（一）美国的国际教育合作

美国是国际教育合作的重要参与者，其大学和学院经常与世界各地的教育机构建立合作关系，提供交换项目、联合研究和国际学生交流的机会。美国在国际教育领域的合作主要集中在以下三个方面。

1. 中美教育合作

中美两国在教育领域的合作历史悠久，并对双方的教育发展产生了重要影响。例如，美国的通识教育概念、校园运动会、学生社团等通过中美教育交流传入中国。近年来，中美教育合作面临一些挑战，但双方仍在努力推动教育交流与合作。2023 年，中国教育国际交流协会与美国国际教育协会共同举办了中美高等教育合作对话会，重申了双方在高等教育领域开展合作的重要性，并鼓励两国高等教育机构恢复交往，深化合作。

2. 鼓励国际学生赴美学习

美国国务院和教育部发布了联合声明，鼓励国际学生赴美学习。这份声明名为《美国对国际教育的新承诺》（*A Renewed U.S. Commitment to International Education*），于 2021 年 7 月 26 日发布。该声明的目的是大力促进美国成为国际学生留学的目的地，并助力全球学术交流。

这份声明特别强调了三个关键点，包括：①促进国际教育的交流与合作，欢迎国际学生、研究人员和学者来美国校园进行学习和交流；②强调美国政府与美国高等教育机构、学校、州和地方政府、非政府实体、企业界等的合作，支持国际教育领域的发展；③制定政策和程序，以促进国际学生的学习和工作实践，保证项目的完整性和国家安全。

这份声明也是对特朗普时期一系列对国际学生排外政策的回应。特朗普时期的政策导致 2019—2020 年美国高等教育机构的国际学生人数略有下降。美国国务卿布林肯在 2021 年美国教育论坛上提到，国际学生通过接受美国教育和参与相关活动为美国经济贡献超过 390 亿美元，并支持了约 41 万个就业岗位。

这份声明的发布，对于国际学生赴美学习的态度和前景是一个积极的信号，表明美国政府将教育视为国际交流的重要组成部分，并致力于吸引全球人才。

（二）英国的国际教育合作

英国以其高等教育机构的国际声誉而闻名，与全球许多国家的教育机构有合作关系，提供国际学生奖学金和交换项目，以支持国际学生的学习和研究。

1. 提供奖学金和资助机会

英国提供了多种奖学金、助学金、高级奖学金和学生贷款，以帮助国际学生支付留学费用。这些资助机会包括英国政府提供的研究生奖学金计划，例如，"志奋领奖学金"（Chevening Scholarship），为在英国攻读硕士学位的学生提供全额资助。还有其他针对特定国家学生的奖学金，如霍恩比教育基金奖学金。

2. 中英教育合作

英国与中国在高等教育领域的合作包括学术与科研合作、交流项目、能力建设和增强学生的流动性。英国文化教育协会推动了中英双方在创意产业、技术转移、低碳解决方案等重点领域的合作。此外，还有中英博士生教育及科研合作伙伴关系项目，是为了建立长期互惠的大学合作伙伴关系，并推动博士生联合培养。

（三）德国的国际教育合作

德国的高等教育机构与全球众多国家建立了合作关系，特别是德国学术交流中心（DAAD）给国际学生提供奖学金和资助项目。DAAD 的奖学金项目覆盖不同的学习阶段，包括硕士生、博士生和博士后。例如，对于希望在德国学习的中国硕士学生，DAAD 提供短期奖学金、进修课程奖学金和艺术类专业奖学金等。另外，还有专门针对政治、法律、经济和公共管理类专业学生的 Helmut-

Schmidt 硕士奖学金。对于博士生和博士后，DAAD 提供短期研究奖学金和博士科研奖学金，以及与中国科学院合作的联合奖学金项目。

这些奖学金和资助项目支持了国际学生在德国的学习和研究，也促进了德国与其他国家在教育领域的交流与合作。通过这些项目，德国展示了其在高等教育领域的国际视野和对国际学生的支持。

（四）法国的国际教育合作

法国以其语言和文化吸引了大量国际学生，其教育机构与全球各地的教育机构建立了合作关系，并提供法语教学和跨文化交流机会。

在中法教育合作方面，两国政府之间有着悠久且紧密的合作历史。2024 年是中法建交 60 周年。中法两国在教育理念、教学方法、学科研究等方面都有着独特的优势，双方的合作有助于推动教育的创新与发展，培养更多具有国际视野和创新能力的人才。中法两国在教育国际化的浪潮中开启了高等教育领域的合作办学之路，经过近 20 年的发展，中法合作办学机构已成为两国高等教育合作的一种成功模式，也是传播优质教育的媒介和中外合作的优秀典范。

在中法合作办学项目中，教学层次从本科阶段到博士阶段，在三种语言（汉语、法语和英语）的跨文化环境中进行。这些合作项目使中国学生不出国门就能接受法国教育，而且为毕业生提供了高质量的就业保障。中法两国在语言教育领域的合作也日益密切，中文已成为法国的第五大外语，有 4 万多法国学生在学习中文。法国本土及海外省共建有 62 个中文国际班、18 所孔子学院和 1 个孔子课堂，中文学习已经覆盖了法国从基础教育到高等教育各学段。

法国通过其高等教育机构与全球众多国家建立了合作关系，特别是在语言教育和跨文化交流方面，为国际学生提供了丰富的学习机会和交流平台。这些合作项目促进了法国与其他国家在教育领域的交流与合作，也反映了教育在国际关系中的重要作用。

（五）澳大利亚的国际教育合作

澳大利亚以其优质的教育资源和多元文化的环境吸引了大量国际学生，其教育机构与全球多国合作，提供国际学生交流和联合研究项目。例如，澳大利亚联邦大学与中国、新加坡、马来西亚、印度尼西亚、法国、德国、丹麦、英国和美国等多所高等院校建立了广泛的教学与研究合作。与中国高等院校的合作可以追溯到2000年，澳大利亚联邦大学与中国的多家高校开展了本科层次及大专层次的联合办学项目，如与河北科技大学和浙江工业大学合作的环境科学和土木工程专业。

澳大利亚维多利亚大学与河南大学国际商学院的合作项目提供了计算机科学与技术、国际经济与贸易、会计学等专业的学位课程合作。学生可以在河南大学学习期间同时注册维多利亚大学学籍，也可以选择在河南大学完成学业或赴澳留学，在维多利亚大学继续本科学习。

澳大利亚阿德莱德大学提供了暑期项目，包括英语和跨文化交流学习、科研交流与技能培训、科研技巧和英语学习，以及化学工程和学术交流技能等多个方向。这些项目培养了学生在澳大利亚和国际科研环境中的交流、语言和学习技能，并提供了寄宿家庭体验和深入的文化活动，让学生更全面地了解澳大利亚文化。澳大利亚的高等教育机构通过这些合作项目，提供了国际学生交流和联合研究的机会，促进了教育资源共享和文化交流，展现了其在高等教育领域的国际视野和对国际学生的支持。

这些国家的国际教育合作项目不仅限于高等教育，还包括中小学教育、职业教育和继续教育等多个层面。通过这些合作，各国能够分享教育资源，促进学术研究，加强文化交流，也为各个国家的教育体系和经济发展带来了积极影响。

第二节　近代国际教育合作的发展

伴随着中国特色社会主义事业的开创和完善，我国的教育国际交流与合作事业经历了全面恢复与快速发展（1978—1991年）、扩大参与和融入世界（1992—2001年）、加入世界贸易组织与扩大规模（2002—2012年）三个不同发展阶段，在改革开放和面向世界中开创了新时期，取得了令世人瞩目的新进展和新成就。

扩大派遣留学生人数成为新时期教育对外开放的先声。1978年教育部向国务院提交了《关于加大选派留学生数量的报告》，确定了选派计划。为落实扩大派遣留学生的出国渠道，中国政府首先与美国达成互派留学生协议，其后又与英国、埃及、加拿大、荷兰、意大利、日本、德国、法国、比利时、澳大利亚等国政府商谈，成功达成交换留学生协议。后在1978—2012年间，我国陆续出台相关方针政策，精准发力，在教育、经济、社会等各个领域协同推进，持续推动中国在国际教育合作发展道路上坚定不移地阔步前行。

一、提出"三个面向"指导方针

1983年，邓小平提出"教育要面向现代化、面向世界、面向未来"的战略思路，对新时期社会主义教育提出总体要求，将教育对外开放融入整个国家改革开放基本国策和现代化建设的总体设计中，为党和政府在新时期教育国际交流与合作事业发展提供了坚实的理论基础。"三个面向"指导方针是我国教育改革和发展的重要方针，具体包括：一是面向现代化。教育要适应社会主义现代化建设的需要，培养适应现代社会发展的各类人才。二是面向世界。教育要面向世界，与世界各国教育进行交流与合作，学习借鉴国际先进的教育理念、方法和经验，提高我国教育的国际竞争力。三是面向未来。教育要面向未来，关注学生的全面发展，培养学生的创新精神、实践能力和社会责任感，为学生的终身学习和未来发展奠定基础。"三个面向"指导方针体现了我国教育改革和发展的重要方向，对推动我国教育现代化、国际化具有重要意义。

二、改革教学方法，更新学校教材

国家重视各级学校的教材编写工作，强调这是学习世界科学最新进展和成果的重要途径。教材是学生学习知识、掌握技能、培养素质的重要载体，是教育质量的关键。教材编写应当紧跟世界科学最新进展和成果，确保学生能够学习到最前沿的科学知识。中央拨专款从美国、英国、德国、法国、日本等国家引进大、中、小学教材，供我国编写教材参考。截至1978年2月，进口的外国教材约达2200册。

教育部从各地选调了 200 多人到北京集中参加中小学各科全国通用教材的编写工作，成立了教材编审领导小组。1978 年 9 月，全国中小学开始使用新编教材。

三、逐步完善教育对外开放政策法规，加强战略谋划

1993 年，《中国教育改革和发展纲要》强调要进一步扩大教育对外开放；1995 年，《中华人民共和国教育法》为"教育对外交流与合作"专设一章；1998 年，《中华人民共和国高等教育法》对高校层面的对外交流进行了更细节的规定。加入 WTO 后，我国陆续制定和修订了与教育对外开放相关的政策法规文件，大力推进教育交流与合作机制建设，不断改善教育对外开放的制度环境。2004 年，国务院印发《2003—2007 年教育振兴行动计划》，提出加强全方位、高层次教育国际合作与交流。2010 年，《国家中长期教育改革和发展规划纲要（2010—2020 年）》（以下简称《教育规划纲要》）把教育对外开放作为推动中国教育改革和发展的战略举措，明确提出进一步加强教育国际交流与合作水平，引进优质教育资源，提高中国教育国际化水平，提升中国教育的国际地位、影响力和竞争力，培养大批具有国际视野、通晓国际规则、能够参与国际事务和国际竞争的国际化人才。

四、进一步加强出国留学工作管理

1981 年至 1984 年，国务院先后多次批准和印发了关于自费出国留学方面的多个规定。1986 年，《中共中央、国务院关于改进和加强出国留学人员工作若干问题的通知》印发，提出"按需派遣、保证质量、学用一致"的出国留学人员工作方针。1986 年 12 月，国务院批转国家教育委员会《关于出国留学人员工作的若干暂行规定》。1987 年 1 月，国家教育委员会印发五个关于公派留学的管理细则。仍沿用至今的、覆盖出国留学事务方方面面的管理体系，成为中国留学工作进入稳定发展期的转折点。在此期间，国家教委成立了留学服务中心，驻外使领馆陆续设立了教育处组，为进一步发展教育对外开放事业打下了坚实的基础。

进入 20 世纪 90 年代，党的十四届三中全会明确提出"支持留学、鼓励回国、来去自由"的出国留学工作方针，其后国家教育委员会印发《关于自费出国留学

有关问题的通知》，进一步放宽自费出国留学政策。1996 年，国家留学基金管理委员会成立，全面试行"个人申请、专家评审、平等竞争、择优录取、签约派出、违约赔偿"的国家公费出国留学选拔与管理办法，使留学工作在招生、选派和管理方面走上制度化、规范化和法制化轨道。1999 年，教育部《面向 21 世纪教育振兴行动计划》全面启动，留学工作被置于重要位置。2000 年，全国教育外事工作会议召开，总结了改革开放以来留学工作的成绩，确定了未来留学工作的方向。2010 年，《教育规划纲要》再一次将留学工作作为教育对外开放工作的重点。

五、鼓励留学人员回国服务，加强引智工作

做好留学人员工作和引进国外智力是新时期教育国际交流与合作的重要内容。1996 年，教育部启动"春晖计划"，拨出专项经费资助在外留学人员短期回国工作。随着中国经济的快速发展，对高层次人才的需求日益增长。然而，当时许多优秀的留学人员选择在海外工作和生活，导致国内人才流失。通过"春晖计划"，中国政府希望吸引海外留学人员回国，利用他们在国外的专业知识和技能，为国家的经济建设和社会发展做出贡献。该计划为符合条件的海外留学人员提供短期回国工作的经费支持，包括交通费用、生活补贴等。海外留学人员可以通过申请，获得资助，回国进行短期工作，如参与科研项目、教学活动、技术指导等。"春晖计划"自实施以来，吸引了大量海外留学人员回国工作，为中国的科技进步、经济发展和文化交流做出了积极贡献。随着中国对外开放和国际合作的不断深化，"春晖计划"也得到了持续发展和完善，吸引了更多优秀的海外留学人员参与。通过"春晖计划"，中国政府有效利用了海外留学资源，促进了国内人才队伍的建设，推动了国家的发展和进步。

六、拓展全方位教育国际交流与合作

改革开放初期，中国与西方国家在双边教育交流领域取得了前所未有的突破：与美国恢复"中美富布赖特项目"；与英、德、法、日等多个国家开展教育合作；先后对亚非拉国家开放留学，资助其学生来华学习。这一时期的出国留学

人员，一方面学习国外的先进知识，为中国在教育、科技、经贸等领域更好地融入世界提供了助力；另一方面作为文化交流使者，向海外推广中国语言，传播中国文化，加深了中外双方的了解。同时，来华留学生也为我国外交工作注入了活力，对教育改革起到了推动作用。

七、中外合作办学快速发展

我国加入 WTO 后不久，2003 年 3 月 1 日，国务院颁布《中华人民共和国中外合作办学条例》，2004 年 6 月 2 日，教育部研制出台《中华人民共和国中外合作办学条例实施办法》，该文件是《中华人民共和国中外合作办学条例》的实施细则，详细规定了中外合作办学的组织形式、审批程序、教育教学活动、质量保障等方面的具体要求。目的是保障中外合作办学的质量和规范性，确保中外合作双方的合法权益，推动中外教育资源的互补和交流。2004 年《教育部关于做好中外合作办学机构和项目复核工作的通知》中要求对已经设立的中外合作办学机构和项目进行复核，以确保其持续符合相关法律法规的要求。目的是加强对中外合作办学的监管，及时发现和纠正存在的问题，保障中外合作办学的质量和效果。2006 年发布《教育部关于当前中外合作办学若干问题的意见》，该文件针对当前中外合作办学中存在的问题，提出了一系列意见和建议，是为了指导中外合作办学的实践，提高教育质量和效益，也是为了促进中外合作办学的健康发展，解决实践中遇到的困难和问题，推动中外教育资源的合理利用和交流。2007 年《教育部关于进一步规范中外合作办学秩序的通知》中针对中外合作办学中出现的一些乱象，如虚假宣传、非法招生等，提出了加强规范和监管的要求。目的是维护中外合作办学秩序，保护学生和家长的合法权益，提高中外合作办学的信誉和形象。这些文件完善了涉外办学的政策设计，有力地强化了合作办学的规范管理，为提高合作办学的质量水平和可持续发展能力提供了政策保障。

八、加强与联合国教科文组织的教育交流

1979 年，中国联合国教科文组织全国委员会成立。从此，与联合国教科文

组织的教育交流与合作，成为我国多边教育领域最引人瞩目的内容。中国恢复联合国教科文组织成员国资格后，能够积极参与国际教育、科学和文化领域的合作与交流。中国联合国教科文组织全国委员会作为中国的官方机构，代表中国参与联合国教科文组织的各项活动，促进中国与国际社会在教育、科学和文化领域的交流与合作。通过参与国际交流与合作，中国联合国教科文组织全国委员会有助于引进国际先进教育理念、教学方法和科技资源，推动中国的教育改革与发展。作为联合国教科文组织成员国，中国能够在国际组织中发挥更大的作用，进而提高中国的国际地位和影响力。中国联合国教科文组织全国委员会积极参与国际文化交流活动，促进不同文化之间的相互尊重和理解，增进国际友好关系。进入21世纪后，与联合国教科文组织的教育交流合作在深度和广度上进一步拓展，成果丰硕，很多重要会议和活动开始在中国举办。中国人也开始在联合国教科文组织中崭露头角，继中国学者苏纪兰两度连任联合国教科文组织政府间海洋学委员会主席后，章新胜当选联合国教科文组织执行局主席，唐虔担任教科文组织教育助理总干事。

九、启动并加强与其他多边组织的教育交流

从 1979 年开始，我国与联合国儿童基金会、联合国开发计划署、联合国人口基金等联合国驻华机构启动教育交流合作项目，接受其教育援助，当时款项总计达数千万美元。1980 年，我国恢复在世界银行的合法席位，1981 年利用世界银行贷款的第一个项目就是教育项目，我国在不到 20 年的时间里先后利用世界银行贷款吸纳教育资金达 26 亿美元。利用世界银行贷款，我国实施了一系列教育改革与发展项目，包括基础教育、职业教育、高等教育等领域的建设和发展。世界银行贷款项目帮助我国改善了教育基础设施，提升了教育质量，为培养高素质人才提供了保障。通过与世界银行的合作，我国教育机构得以与国际社会开展交流与合作，学习借鉴国际先进的教育理念、教学方法和科技资源。世界银行贷款项目在我国贫困地区和农村地区实施，促进了教育资源的均衡分配，提高了教

育的公平性。通过利用世界银行贷款，我国教育机构能够引进国际先进教育理念和教学方法，从而提升了教育质量，增强了国际竞争力。

十、民间教育交流日益活跃

1981年，中国教育国际交流协会成立，从此中国民间的、半官方的教育国际交流有了专门的组织，开辟了国际教育交流的新渠道，在教育对外交流合作中具有里程碑意义。1983年，中国教育学会对外汉语教学研究会成立，架设起中国文化与世界文化交流的语言之桥。1987年，世界汉语教学学会成立，使官民并举在对外汉语教学工作中成功发展。伴随着这些民间机构的诞生和汉语水平考试的推出，我国汉语推广在这一时期取得积极进展，并使对外交流的语言之桥逐步走向科学化、规范化和标准化。进入21世纪，我国民间教育国际交流立足国内，面向世界，交流规模不断扩大，内容日益丰富，国内外影响力不断提升，逐步成为中国教育连接世界教育的重要渠道。

十一、高校对外交流合作日益丰富

改革开放后，高校层面对外交流的自主性和独立地位开始显现，以南开大学1980年组织召开明清史国际学术讨论会为标志，国内开始举办国际学术会议；中外高校之间开始开展学术研究合作；越来越多的学校开始与国外高校建立校际交流关系；外籍教师来华任教的学科逐渐多元，中国学者也开始"走出去"任教。20世纪90年代后，高校对外交流合作在"211工程""985工程""国家示范性高职院校"等重大质量工程的进程中开始向办学理念、人才培养和科学研究等具体过程中延伸，高等教育国际化的机制建设有了新进展。

十二、助力中外人文交流

具有中国特色的教育对外开放事业成为中外人文交流的重要领域，在国家总体外交中日益发挥重要作用。从2004年开始，孔子学院和孔子课堂开始在世界各地陆续设立，积极推广汉语，传播中国文化。教育对外开放工作逐渐形成了宏观、微观相协调的对外教育交流矩阵。中国更加积极地参与到中外人文交流事务中。以教育交流为引领的中外人文交流工作逐步向国际社会传递中国和平发展的正能量，在国际舞台上传播中国和平发展、共建和谐世界的创新理念，力争使中国的"软实力"在国际上获得与"硬实力"相称的地位。

第三节　当代国际教育合作的演变与特点

我国当代国际教育合作在历史的进程中不断发展和演变，自中共十八大以来，教育对外开放的基础和条件发生了深刻变化。在开放发展理念指导下，我国追求更有质量、更高水平、更可持续的全面对外开放，为新一轮教育对外开放，特别是打造雄安、长三角、海南、粤港澳大湾区等教育对外开放高地，推进共建"一带一路"教育行动注入了新动力。教育国际交流与合作积极推进转型升级、提质增效，主动服务党和国家工作大局，在推动形成全方位、多层次、宽领域的全新格局方面取得历史性新成就。教育对外开放的思想引领能力、顶层设计能力、聚焦国家战略培养人才能力、推进共建"一带一路"倡议能力、做强中国教育能力、满足人民美好生活向往能力、参与全球治理能力、服务宏观决策和战略咨询能力等明显增强。

一、教育开放发展的顶层设计显著加强

以习近平同志为核心的党中央对教育事业改革发展提出了总体要求，坚持和加强党对教育事业的全面领导，推动决策层级上移。在这一过程中，围绕使市场在资源配置中起决定性作用、更好地发挥政府作用，从而促进教育治理水平和治理能力现代化。而在我国国际教育合作的演变历程中，这一理念在有序推进教育对外开放领域体现得尤为明显。将教育对外开放工作纳入中国社会主义现代化百年蓝图的历史使命和发展坐标中加以审视；纳入党中央国务院对教育事业的总体要求中进行部署；纳入中央全面深化改革议程中来精心谋划，以推动我国教育对

外开放事业从改革开放初期的"摸着石头过河"转向更加注重系统性、整体性、协同性的科学决策过程。

党中央、国务院颁布的多份综合性改革和教育深化改革专门性文件中，不同程度地涉及了教育对外开放的内容和任务，在一系列深化教育改革发展的顶层设计和实施方案文件中，如《统筹推进世界一流大学和一流学科建设总体方案》等都将加强国际交流合作作为重要内容和任务，彰显了教育国际化对教育现代化和国家现代化战略目标的支撑作用。教育部等有关部门也围绕贯彻落实中央精神，纷纷出台教育对外开放领域的专门文件，明确了总体要求，提出了目标使命，部署了重点工作，强化了保障措施，构成了新时代教育对外开放的"四梁八柱"，助推教育对外开放改革创新举措持续落地，从而使我国教育对外开放的总体水平实现新的历史性跃升，为我国国际教育合作的不断发展和演进注入了强大动力。

二、中国教育总体发展水平跃居世界中上行列

中国教育国际竞争力不断增强，教育普及程度不断提升，各级各类教育规模持续稳居世界首位，逐步由大到强，国际社会对中国教育的关注度也越来越高。例如，上海教师参加"教师教学国际调查项目"、学生参加"国际学生能力测试项目"的优异表现，吸引了美国、英国、南非、以色列等国家纷纷来华探求"上海的秘密"和中国基础教育成功的奥秘，英国政府决定持续开展中英数学教育交流项目，在中小学广泛推广上海经验。中国成为《华盛顿协议》正式成员，标志着中国工程教育本科质量得到国际认可；"双一流"建设取得重要进展，多所高校进入世界权威排行榜；首次用中国标准、中国专家、中国模式对俄罗斯大学及其专业开展联合认证和国际认证。联合国教科文组织、世界银行有关报告高度肯定中国全民教育发展成就和对全球教育发展的贡献。联合国教科文组织在深圳、上海、海南纷纷与我国共建高等教育创新中心、教师教育中心、中小学联席学校中心等二类教育机构，中国教育模式开始成为其他国家教育改革的参照。

三、人才培养国际化水平大幅提升

我国双向留学与人才引进规模迅速增长。截至 2018 年年底，留学回国人员总数达 365.14 万人，占已完成学业人数的 84.46%。"留学中国计划"扩大了来华留学规模，2020 年实现了接收来华留学生 50 万人的目标，留学生学历特别是研究生比例上升较快，中国成为亚洲第一大留学目的国。海外优秀人才来华从教的数量和质量明显提升。正在实施的海外名师项目和学校特色项目已惠及 160 余所非教育部直属高校。各地方政府积极出台海外优秀人才引进计划，吸引了大量人才为国家建设服务。

四、人文交流机制不断完善

坚持以我为主、兼收并蓄，先后建立中俄、中美、中欧、中英、中法、中印尼、中南非、中德、中印等高级别中外人文交流机制，教育服务国家对外战略能力不断增强。中国各级各类学校和教育机构与 150 多个国家或地区数千个教育机构建立了友好关系，教育国际交流在人文交流机制平台上得到实质性推进。530 所孔子学院和 1129 个孔子课堂遍布全球 155 个国家或地区，全球汉语学习人数达 1 亿人（以上数据截至 2019 年 6 月），中华语言文化影响力不断增强。中外教育领域高层智库间的交流日益增多，成为中国外交的有益补充和民心相通的活跃力量。伴随着留学生质量和数量的提升，留学生已成为中外人文交流天然的使者。民间教育国际交流积极服务公共外交大局，促进教育改革发展。不断扩大的教育对外开放，为各国间的政策沟通、贸易沟通、货物交流等提供了人才支撑。中国教育敞开胸怀，不断推动全球教育深度合作、互学互鉴，积极促进世界各国教育共同发展，助力构建人类命运共同体。

五、"请进来、走出去"稳步推进，涉外办学带动中国教育质量整体提升

全国中外合作办学机构和项目约 2500 个，包含理学、工学、农学、医学、法学、教育学等 11 个学科门类 200 多个专业；合作对象涉及 36 个国家和地区，

800 多所外方高校，700 多所中方高校；每年招生超 15 万人，在校生超 60 万人，其中高等教育占 90% 以上，毕业生超 200 万人。海外办学迈出实质性步伐，已举办 100 多个本科以上境外办学机构和项目。清华大学携手华盛顿大学创建全球创新学院，北京大学汇丰商学院英国校区启动招生，厦门大学马来西亚分校、老挝苏州大学等境外办学机构在探索中稳步推进，越来越多的本科院校和职业院校走出去办学，推动了中国教育逐步走向世界。

六、双边多边教育交流持续深化

我国与 188 个国家或地区建立教育合作交流关系，与 47 个重要国际组织开展教育交流，与 48 个国家或地区签署学历学位互认协议，进而不断提高中国教育的影响力。习近平总书记对联合国教科文组织进行历史性访问，中国与教科文组织关系进入历史友好时期，积极服务国际社会教育规划的开发和制定，在《教育 2030 行动框架》《亚太经合组织教育战略（2016—2030）》《全球高等教育学历学位互认公约》等有关国际文件起草研制过程中发挥了建设性作用。服务重点领域改革，仅 2017 年就实施国际合作项目 18 个，争取国际援助资金 700 万美元，利用跨国公司资金 4.7 亿美元，开展重点领域的研究和试点。推进省部共建"一带一路"教育行动，实现主要节点省份签约全覆盖。

随着我国在国际教育合作领域的持续探索与推进，当代国际教育合作的演变清晰地展现出一条不断开拓进取的发展轨迹。从积极响应党的十八大开放发展理念以来，已取得历史性新成就，我国国际教育合作走过了一段不平凡的历程。在这样的演变过程中，我国不断出台一系列促进国际教育合作的政策，如《关于做好新时期教育对外开放工作的若干意见》《推进共建"一带一路"教育行动》等。在这些政策的引导下，我国当代国际教育合作呈现出诸多鲜明的特点。例如，中国特色、高水平新型智库的建设。教育部自 2012 年开始启动 42 家国别和区域研究培育基地和 4 家国际教育基地建设，2017 年又备案 395 家国别和区域研究中心和 25 家中外人文交流、教育开放发展研究中心，基本实现国别和区域研究基地在全球国家、地区和主要国际组织，特别是"一带一路"共建国家的全覆盖，积极加强与建交国家和地区政治、经济、教育、文化、法律等领域的专业研究和动向追踪，加强主要国际组织和全球治理方面的追踪研究，为国家教育对外开放和中国特色大国外交提供智力支撑。地方、高校、科研院所纷纷整合资源，成立国别、区域和国际组织专业研究机构和国际教育研究智库，诸多行业学会、协会和社会、民间组织也大力加强国别和区域领域分支机构建设。一些高校还整合了传统上比较分散的机构资源，成立国别与区域研究院、全球治理研究院等，设立国别和区域、全球治理等领域的专业或研究方向，招收中外硕博研究生、博士后和访问学者。

经过 75 年的不懈努力，今天的中国已成为全球具有影响力的国际教育中心之一。中国拥有世界最大规模的外语学习人口，建成了世界影响最大的语言推广机构；持续保持世界最大的国际学生生源国地位，稳居亚洲最大留学目的国位置；成为引进世界优质教育资源开展合作办学最多的国家，也成为积极探索境外办学，重点为"一带一路"共建国家提供教育服务公共产品的最大发展中国家；在世界百年未有之大变局中始终保持战略定力，始终坚持打开国门搞建设，始终坚持教育对外开放毫不动摇，加快扩大教育对外开放，学习世界一切有益的文明成果，努力做强中国教育。对内服务构筑中华民族精神共同体，实现中华民族伟大复兴的中国梦，对外积极共建"一带一路"教育共同体，深化双边多边教育合作，参与和引导全球教育和人文治理变革，成为全球最大的成体系成规模、旗帜鲜明加快教育有序开放、推动人文交流和文明互鉴、服务构建人类命运共同体的世界大国，为更好地做强中国教育、支撑国家现代化、服务中国特色大国外交打下了坚实的基础。在中国教育史和中外人文交流史上，以及在人类教育史和世界文明交流互鉴史上都写下了壮丽诗篇。

第四节　历史发展对现代教育交流的启示

中国教育的发展历史及其与外国的教育交流，为现代教育交流提供了丰富的经验和启示。这包括教育现代化的推进、古代教育思想的现代应用、教育交流的重要性，以及教师和教育体系的发展等方面。

一、教育发展历史轨迹带来的启示

中国教育自新中国成立以来发生了巨大的变化。从最初的教育水平低、文盲率高，发展到现如今拥有庞大的学校网络和受教育人口。这一过程反映了中国教育从传统到现代的转变，特别是在义务教育、高中教育和高等教育方面取得的进步。

新中国成立以来，中国教育经历了从传统到现代的深刻变革。下面是中国教育发展的主要历史轨迹。

（一）基础教育阶段

1. 义务教育普及

新中国成立初期，人民群众教育水平普遍较低且文盲率较高。为了改变这一状况，中国共产党和中国政府将教育事业作为国家发展的重要基石，积极推进教育改革和发展。在 20 世纪 50 年代，中国政府开始实施扫盲教育，通过夜校、识字班等形式，提高广大人民群众的文化水平。政府还大力推动义务教育，尤其是农村地区的教育，逐步实现了从小学到初中的义务教育，让更多的孩子有了接受基础教育的机会。

2. 教学内容改革

随着社会的快速发展和科技进步，教育内容需要不断更新和调整，以适应新时代的需求。为了培养学生的创新能力和实践技能，教育部和各地教育机构逐步优化了课程设置，增加了计算机、外语、科学和人文素质教育的内容。

计算机教育的增加反映了信息时代对技术技能的要求。学生从小学阶段就开始接触基础的计算机操作和信息技术课程，随着年级的提升，课程内容也会逐渐深入，包括编程、网络安全、数据分析等。

外语教育的加强是对全球化趋势的回应。英语作为国际通用语言，在中国的教育体系中占据重要地位。除了英语，一些学校还开设了其他外语课程，如日语、法语、德语等，以满足不同学生的需求。

科学教育的强化旨在培养学生的科学素养和探究精神。物理、化学、生物等科学课程被加强，并且实验和实践教学也受到了重视，鼓励学生通过实验和探究来学习科学知识。

人文素质教育的提升则关注学生的全面发展，包括文学、历史、哲学、艺术等领域的教育，是为了培养学生的文化素养、道德观念和社会责任感。

与此同时，中国也在逐步减少传统应试教育的比重，强调素质教育的重要性。这意味着教育不再仅仅关注学生的考试成绩，而是更加注重培养学生的综合能力，包括批判性思维、创造力、沟通能力和合作能力等。

这些改革措施表明，中国的教育体系正在努力适应快速变化的社会和经济需求，为学生提供更加全面和多元化的教育，以培养他们成为新时代的合格公民。

（二）高等教育阶段

1. 高等教育扩招

从 1978 年中国实施改革开放政策以来，中国的高等教育经历了前所未有的快速发展。从 1978 年的 34 所高校增长到 2023 年的 2700 多所高校，这一增长不仅体现在数量上，还体现在高校类型的多样化上，包括综合性大学、理工科大学、文科大学、农业大学、医科大学等。随着高校数量的增加，高等教育的毛入学率也大幅提升，这意味着越来越多的年轻人有机会接受高等教育。在扩张规模的同时，中国高等教育也在不断提升教育质量，包括师资力量的增强、教学设施的现代化、科研能力的提升等。为了适应经济社会发展的需要，中国高等教育不断调整和增设新的学科和专业，特别是工程技术、信息技术、生物科技、环境科学等前沿领域。改革开放以来，中国高等教育在国际交流与合作方面取得了很大进展，与世界各地的知名大学和研究机构建立了合作关系，从而推动了学术交流和科研合作。除了公立高校外，民办高等教育也得到发展，为中国的高等教育体系增添了多样性和活力。

高等教育的快速扩张为中国经济社会发展培养了大量的专业人才，为国家的现代化建设做出了重要贡献。中国高等教育还在不断探索和创新，以适应新时代的要求，培养更多具有国际视野和高技能的人才。

2. 学科和专业设置

随着中国经济的快速发展和产业结构的优化升级，高等教育机构在学科和专业设置上不断进行调整和创新，以更好地服务于国家经济发展的需要。为了适应新兴行业和交叉学科的发展，高等教育机构增设了许多新的学科和专业，如人工智能、大数据、绿色能源、生物医学工程等，这些专业旨在培养社会急需的高技能人才。中国高等教育越来越重视实践教学，通过实验室工作、实习、现场教学等方式，让学生在实际操作中学习和掌握知识，提高解决实际问题的能力。为了提高学生的就业竞争力，高校与企业建立了紧密的合作关系，通过产学研结合，让学生有机会参与到企业的实际项目中，了解行业的最新动态和技术需求，从而增强学生的实践经验和就业能力。高校普遍开设创新创业相关课程和实践活动，鼓励学生创业创新，培养学生的创新精神和创业意识。为了培养具有国际视野的人才，中国高等教育机构加强国际化教育，开设国际课程，开展国际交流与合作，从而提升学生的国际竞争力。

中国高等教育机构在培养适应国家经济发展需要的人才方面做出了积极努力，为学生提供了更加多元和实用的教育选择，也为中国的社会经济发展贡献了重要力量。

3. 国际化

我国高等教育机构积极与国外高校合作，引进国际教育资源，开设全英文授课课程，推动学生和教师的国际交流，提高教育的国际化水平。我国高校与世界各地的高校建立了合作关系，包括学术交流、科研合作、教师互访、学生交换等项目。这些合作有助于引进国际先进教育理念和教学方法，提升我国高等教育的整体水平。为了吸引国际学生和提高本土学生的国际竞争力，我国高校开设了全英文授课的课程和专业，这些课程通常由具有国际背景的教师授课，以确保教学内容与国际接轨。我国高校还与国际知名高校合作开设双学位项目、联合培养项目等，这些项目为学生提供了在国际平台上学习和研究的机会。我国高等教育机构鼓励学生和教师参与国际交流，通过留学、访问学者、国际会议等形式，拓宽国际视野，增进对不同文化的理解和尊重。我国高校通过引进国外优质教材、教学案例、在线课程等资源，丰富教学内容，提升教学质量和研究水平。我国高校积极参与国际教育认证和评估，如 QS、THE 等国际排名体系的评估，以及专业认证，以此提高教育质量和国际声誉。

（三）教育公平和质量

1. 教育资源均衡分配

我国政府正努力缩小城乡、区域之间的教育差距，通过加大对贫困地区和农村地区的教育投入，改善教学条件，提高教育质量；通过增加财政拨款、设立专项基金等方式，确保这些地区的教育经费得到保障，用于改善学校设施、购买教学设备、提升教师待遇等；支持农村和贫困地区学校的基本建设和维修，提供必要的教学场所和设施，如图书馆、实验室、体育设施等，以缩小城乡学校在硬件设施上的差距；通过实施农村教师支持计划、特岗教师计划、教师培训项目等，吸引和留住优秀教师在农村和贫困地区工作，同时提高他们的教学水平和职业发展机会；推动教育信息化建设，为农村和贫困地区学校提供互联网接入、电子教学设备等，使这些地区的学生能够享受到优质的教育资源；通过优化教育资源的分配，确保农村和贫困地区学校能够获得足够的教材、教辅资料等教育资源；对于特殊地区和特殊群体，如民族地区、边远地区、留守儿童等，实施特殊的扶持政策，确保这些群体的教育权益得到保障；鼓励和引导社会力量参与教育扶贫工作，通过公益项目、捐资助学等方式，共同促进教育公平。

2. 教育信息化

随着信息技术的普及，我国教育正在向信息化方向发展。在线教育、远程教育等新型教育模式正在逐渐普及，为更多的学生提供学习机会。在线教育平台和应用程序为学习者提供了丰富多样的课程资源，使学习不再受地域限制，学生可以随时随地获取知识。这种灵活性对于在职人员、偏远地区的学生尤其有益。远程教育利用网络和通信技术，使得优质教育资源跨越地理障碍，惠及更多的学习者。这包括学历教育、各种非学历教育和终身学习项目。学校和教育机构通过信息化管理系统，提高了管理效率和教学质量。例如，学生成绩管理、课程安排、教学资源分享等都可以通过信息系统高效完成。信息技术使得教育方式更个性化。通过在线学习平台，学生可以根据自己的学习节奏和兴趣选择课程，教师也可以根据学生的反馈及时调整教学策略。电子图书、在线数据库、多媒体教学材料等数字资源为教师和学生提供了更多的学习材料和研究资料。信息化教育为农村和偏远地区的学生提供了获取优质教育资源的机会，有助于缩小城乡、区域之间的教育差距。信息技术也为教师提供了新的学习和培训机会，帮助他们提升专业技能，适应信息化教学的需求。

我国政府高度重视教育信息化的发展，不断推出相关政策和支持措施，推动传统教育与信息技术的深度融合，以促进教育公平、提高教育质量和培养适应现代社会的人才。随着信息技术的不断进步，我国教育信息化将继续迈向新的高度，为更多的人提供高质量的教育服务。

这一过程反映了我国教育从传统到现代的转变，特别是义务教育、高中教育和高等教育方面的明显进步。通过这些改革和发展，我国教育为国家现代化建设提供了有力的人才支持，也为个人提供了更多的发展机会。

二、推进教育现代化的启示

教育现代化被视为国家现代化的重要组成部分。我国在推进教育现代化的过程中，重视培养符合社会主义建设需要的人才，特别是在高等教育方面，通过实施如"211工程"和"985工程"等重点项目，提升了一流大学的水平，缩小了与世界一流大学的差距。

"211工程"是我国的一个高等教育提升计划，于1995年启动，其目标是面向21世纪，重点建设约100所重点大学和一批重点学科。这个计划是为了提高我国高等教育的整体水平，促进部分高校成为世界一流大学。"211工程"注重的是学科建设和教育质量提升，涵盖我国各个领域的重点学科。而"985工程"

于 1999 年启动，是我国为了建设世界一流大学而启动的一个更高层次的项目。"985 工程"的目标是集中资源，对部分顶尖大学进行重点支持，以推动这些大学成为世界级的学术中心。"985 工程"更加注重科研能力和国际竞争力的提升，旨在建设一批具有国际影响力的研究型大学。这两个项目共同推动了我国高等教育的整体提升，是实施科教兴国和人才强国战略的重大举措。"211 工程"和"985工程"不仅推动了我国高等教育的发展，而且为世界高等教育的发展贡献了我国的方案、智慧和力量。这些项目展示了我国如何通过集中资源、重点建设的方式快速提升其高等教育的水平，这对于其他发展中国家具有借鉴意义。这些项目通过强化科研和创新能力的培养，推动了我国在科技前沿、文化传承创新、行业产业，以及区域发展重大需求等领域的发展。例如，"985 工程"中的科技创新平台和哲学社会科学创新基地建设，为高等学校注入了强大的活力，并产生了一系列重大科研成果。

随着"211 工程"和"985 工程"的逐步完成，我国又开始推进"双一流"建设，即统筹推进建设世界一流大学和一流学科，这标志着我国高等教育从高等教育大国向高等教育强国的历史性跨越。"211 工程"和"985 工程"促进了我国高等教育的现代化，也为全球教育交流提供了宝贵的经验和启示。通过这些项目，我国展示了如何通过集中投资和重点建设的方式快速提升教育质量和科研能力，这对于其他发展中国家具有参考价值。同时，这些项目也反映了中国在全球高等教育领域日益增长的影响力。

三、古代教育思想的现代启示

孔子的教育思想对我国的教育改革和发展产生了重要影响。他的素质教育、道德教育、终身教育和教育平等思想，为现代教育提供了指导和启示。这些古代教育思想是我国教育理念的重要精髓，并且为世界各国的教育发展提供了指导。

孔子提出的"有教无类"原则，强调不分身份高低贵贱、不分种族都应接受教育，这一思想对现代普及教育和教育平等有着重要启示。他的教学内容"六艺"——礼、乐、射、御、书、数，覆盖了道德教育、科学文化教育和技能训练，这与当今全面教育的理念不谋而合。

在当今社会，"有教无类"原则依然具有重要的现实意义。其鼓励我们努力消除教育不平等，推动教育资源的公平分配，确保每个孩子都能接受优质的教育；也提醒教育工作者要根据学生的不同背景和需求，采用灵活多样的教学方法，让每个学生都能有适合自己的教育。

在推进教育公平的实践中，还应关注性别平等、民族平等、城乡教育均衡发展等多方面的问题，确保"有教无类"原则得到全面贯彻。通过这些努力，可以逐步实现一个更加公平、包容的教育体系，为社会培养出更多有才能、有责任感的公民。

孔子的"学、思、行"教育思想对现代教学方法也有重要影响。他强调学习应与思考和实践相结合，反对"填鸭式"教学，提倡启发式教学，鼓励学生独立思考。这种教育思想与现代教学中强调学生的主动性和实践能力的培养相契合。孔子认为知识最终需要通过实践来验证和应用。这意味着学生应该将所学知识应用于实际生活中，通过实践来加深理解并提升技能。在现代教育中，这一理念体现在对体验式学习和项目式学习的重视上。孔子的教育思想对当代教师也有着深刻的影响。他提倡教师应具备多种才能，树立终身学习的信念，并强调教师应为人师表，严格要求自己。这些理念对现代教师的职业发展和教学实践有着重要的指导意义。

现代教学方法强调跨学科学习，鼓励学生将不同领域的知识综合运用，鼓励学生通过探索和实验来主动构建知识，这与孔子强调的"思"相呼应。现代教育强调学以致用，鼓励学生通过社区服务、实习、实验等多种方式将所学知识应用于实际。孔子的教育思想也体现了终身学习的理念，即学习是一个持续的过程，不仅仅局限于学校教育。孔子的"学、思、行"教育思想为现代教学方法提供了重要的理论基础和实践指导，强调了学习的全面性和实用性，这与现代教育追求的目标是一致的。

在孔子的君子教育思想中的"仁、智、勇"三个要素，对现代教育中的德育、智育、体育等方面有着深远的影响。"仁"是孔子伦理思想的核心，指的是对他人的关爱、同情和尊重。在德育方面，"仁"的教育理念鼓励学生要培养良好的道德品质，如善良、正直、公正和同情心，以及社会责任感和集体意识。现代教育强调培养学生的道德素养和社会责任感，与孔子的仁学思想相呼应。"智"指的是知识和智慧。在智育方面，孔子强调学习的重要性，并主张通过思考来深化知识。现代教育同样强调知识的学习和思维能力的培养，鼓励学生发展批判性思维、提升解决问题的能力和培养终身学习的习惯。"勇"指的是勇气和坚韧。在体育方面，孔子认为"勇"是君子的重要品质，它不仅体现在身体的强健，也体现在面对困难和挑战时的坚韧不拔。现代教育中的体育教育既关注学生的身体健康和运动技能，也强调培养学生的意志力和团队合作精神。

四、教育交流的重要性

近代以来，中外教育交流对中国教育的现代化起到了重要的推动作用。我国在近代曾面临教育体制落后的问题，为了改变这一状况，我国开始向外国学习，尤其是向日本、欧美等教育发达国家学习。通过翻译教材、派遣留学生等方式，逐渐建立了近代教育体制，实现了教育的现代化转变。

中日教育交流对我国教育近代化的影响很重要。在清朝末年和民国初年，我国大量的留学生赴日本学习，他们回国后，把在日本学到的知识和经验运用到我国的教育改革中，推动了我国教育的现代化。我国还翻译了大量日本的教材和学术著作，这些翻译作品对我国教育的现代化也产生了深远的影响。除了中日教育交流，我国与其他国家也有教育交流。例如，我国曾向欧美等国家派遣留学生，这些留学生回国后，在教育、科技、文化等领域都做出了重要贡献。

"一带一路"教育国际交流是我国政府为推动共建"一带一路"倡议而实施的重要教育合作项目。该项目是为了促进我国与"一带一路"共建国家的教育合作与交流，通过教育领域的合作加深各国之间的相互理解和友谊，推动共同发展。通过这个项目，我国与33家院校合作，共同探索和实施教育交流与合作的多元路径。

自 2013 年共建"一带一路"倡议提出以来，我国在教育对外开放方面取得了显著成就。这些成就包括语言互联互通、人才培养培训合作、人文交流研究等方面。例如，国际中文教育在"一带一路"共建国家的推广，既增进了我国与这些国家之间的文化交流，也为当地民众了解我国语言文化提供了机会。通过设立"汉语桥"夏令营项目，我国邀请了 100 多个国家的近 5 万名青少年来华访学，支持 143 个国家的 10 万名中文爱好者线上学习中文，体验我国文化。

在人才培养方面，我国与"一带一路"共建国家的人才共育规模不断扩大。例如，南京审计大学审计专业硕士国际班已为"一带一路"共建国家的审计机关培养了数百名专业人才。此外，我国政府奖学金项目通过部委合作、省部合作、高校合作等多种模式，支持共建国家的人才培养。

教育交流方面，我国与东盟、上海合作组织等地区建立了教育交流合作平台，促进了区域内的教育交流合作。我国在"一带一路"共建国家开展境外办学，与共建国家建立了多个教育部国际合作联合实验室等。"一带一路"教育国际交流项目在推动中国与共建国家的教育合作与交流方面取得了显著成效，为区域发展和国际合作提供了重要支持。

近年来，中外合作办学的合作项目提高了教育质量，增强了我国教育在世界的影响力和竞争力。

五、教师和教育体系的发展

教师是教育发展的关键要素。我国强调教师教育教学的主导作用，并通过提高教师待遇、完善教师资格制度等措施，加强教师队伍建设。我国教育体系正逐渐从以城市为中心转向更加均衡的城乡教育发展。

新中国成立以来，我国教育经历了巨大的变革和发展，为现代教育交流提供了宝贵的经验和启示。

（一）我国教育的发展历程表明，教育是国家发展的基石

自新中国成立以来，我国教育在中国共产党和中国政府的领导下，经历了从

基础薄弱到全面发展的转变。特别是改革开放以来，我国教育不断改革，为世界教育发展贡献了中国智慧和中国方案。

（二）我国教育的发展强调了教育现代化的重要性

在推进现代化进程中，我国将教育现代化作为建设社会主义现代化强国的基础性、先导性工作。这一经验表明，教育现代化是国家现代化的重要组成部分，对于实现国家的长远发展目标至关重要。

（三）我国教育的发展强调了教师教育的重要性

新中国成立以来，我国教师教育政策经历了从满足国家公共需求到实现多元利益主体并重的转变，从侧重体制机制建设到强调人本价值认同的转变，从强调规模数量优先到注重优质均衡发展的转变，从模仿跟随国外经验到创新形塑中国话语的转变。

（四）我国教育的发展强调了教育公平均衡发展的重要性

我国重视解决教育的城乡、东中西部、校际差距和老少边穷地区的发展问题。通过实施农村义务教育学生营养改善计划、人民助学金和学生资助制度等，体现了以人民为中心、为人民服务的立场。

综上所述，我国教育的发展历程为现代教育交流提供了宝贵的经验和启示，强调了教育在国家发展中的重要性，教育现代化的重要性，教师教育的重要性，以及教育公平均衡发展的重要性，这对于全球教育交流和发展具有重要的借鉴意义。

第三章　当代国际教育合作交流的背景

第一节　全球化背景下的教育交流需求

教育国际化起源于文艺复兴时期，随着交通运输和通信技术的发展而加速。它不仅是将国际、跨文化或全球层面的意识纳入高等教育的过程，还包括以国际化的视野和行为融合高等教育机构的各项职能。全球化是一个涉及政治、经济、文化、社会等多元领域的复杂历史变迁过程。其主要体现在国与国之间联系的不断增强，以及全球意识的崛起。在全球化进程中，不同国家、地区之间的政治、经济、文化深度融合，形成了相互依存的关系。这一现象改变了人类社会的发展轨迹，推动了技术进步和全球问题的出现。

一、全球化对教育交流的影响

全球化为国际教育交流提供了广阔的机遇，如国际学生交流、跨国教育项目和全球教育合作等。全球化也带来了文化冲突和差异，对国际教育比较研究提出了更高的要求。跨文化教育是为了培养学生的跨文化素养，提升国家软实力，促进国际交流与合作，这包括对不同文化背景的了解、尊重和接纳，以及在不同文化背景下进行有效沟通与交流的能力。随着教育国际化进程加快，学生全球流动的数量、结构与质量也在发生变化。学生的国际流动既是他们未来人生成功发展的重要因素，也具有建立人类命运共同体的战略意义。

全球化对教育交流的影响是深远和多方面的。全球化促进了教育资源的国际流动和共享，各国教育机构之间的合作更加紧密。例如，国际学生交流、跨国教育项目和全球教育合作都得到了加强。教育交流关注学术知识，强调跨文化理解和交流。教育机构和项目越来越注重培养学生对不同文化的理解和尊重，以适应全球化的多元文化环境。全球化的竞争和合作促使各国提高教育质量，以吸引国际学生和学术人才。例如，各国政府和教育机构通过改革教育体系、提高教学质量、加强科研合作等方式，提升其在全球教育市场中的竞争力。

全球化带动了信息技术的发展，为在线教育、远程学习和虚拟交流提供了更多的可能性。这为教育交流提供了新的平台和工具，使得教育资源可以跨越地理界限，更加便捷地被全球学生和教师所使用。全球化使得教育交流更加受到经济和政治因素的影响。例如，签证政策、国际贸易协定、外交关系等都可能影响教育交流的规模和形式。全球化带来了文化冲突、经济不平等等挑战，这些都需要在教育交流中妥善处理。全球化也为教育交流提供了广阔的机遇，如提升教育质量、增强国际竞争力等。

在全球化背景下，教育交流的需求日益增长，这对教育体系和学生的国际流动产生了深远的影响。全球化背景下的教育交流需求促进了国际教育的发展，但也带来了新的挑战。教育机构、政府和社会各界需要共同努力，制定有效的政策和措施，以促进教育交流的健康和可持续发展。教育交流项目应注重多元化和个性化，尊重各国的差异性，满足不同国家和地区的需求。

二、教育国际化案例

在全球化背景下，教育国际化已成为教育界和政府越来越关注的话题。下面是一些具体的案例分析，展示了教育国际化在不同领域的实践和发展。

（一）管理学科研究生教育国际化

中国的管理学科研究生教育国际化主要模式包括国家公派留学生、中外合作办学、联合培养硕士等。这些模式促进了研究生教育体制改革与学科创新，提高了教师与学生的国际化水平。

1. 国家公派留学生

中国政府通过国家留学基金管理委员会等机构，资助优秀研究生到国外知名高校进行学习和研究，以拓宽国际视野，提高学术研究能力。国家留学基金管理委员会提供各种奖学金项目，如国家公派研究生项目、联合培养项目等，为优秀研究生提供出国留学的机会。这些项目通常涵盖学费、生活费、往返机票等费用，减轻了研究生的经济负担。国家留学基金委管理委员会与全球范围内的知名高校建立合作伙伴关系，为研究生提供更多的留学选择。这些合作伙伴关系确保了研究生能够在国外高校获得优质的教育和研究资源。申请者通常需要具备优秀的学术成绩、研究能力及良好的英语水平。他们还需要展现出对国际交流和跨文化学习的兴趣和热情。研究生在国外高校期间，有机会参与国际科研项目，与国外学者合作。这有助于提升他们的研究水平，并为将来的学术发展奠定基础。研究生完成学业后，通常需要回国将所学知识和技能应用于科研、教育、企业等领域，从而促进国家发展和进步。

2. 中外合作办学

中国高校与国外高校合作，开设中外联合培养项目，如双学位项目、联合培养项目等。这些项目通常采用国际化教学模式和课程设置，使学生同时获得中外两所高校的学位。中外联合培养项目通常会整合两所高校的优势课程资源，为学生提供多元化的学习选择。课程内容可能会涉及中西方文化的比较、国际事务、跨文化交流等，以增强学生的国际视野和理解能力。双学位项目允许学生在完成学业后同时获得两所高校的学位。这种项目为学生提供了更广阔的职业发展机会，使他们在国际环境中具有更强的竞争力。联合培养项目通常包括学生在中国和国外高校之间的学习交流。学生可以在两所高校中选择部分课程，并在不同的文化环境中学习和生活，以提升跨文化沟通能力和国际视野。这些项目采用国际化的教学模式，如小班授课、案例教学、项目驱动等，以培养学生的批判性思维和问题解决能力。中外联合培养项目还为学生提供国际实习和交流的机会，使他们能够将所学知识应用于实际工作中，提高其实践能力和国际竞争力。

3. 短期交流项目

中国高校与国外高校合作，提供短期交流项目，如暑期学校、短期课程等。暑期学校项目通常在暑假期间举办，为期几周到几个月不等。学生可以选择参加国外高校提供的课程、研讨会、工作坊等，体验国际化的教学模式和学术氛围。这些项目可能包括特定主题的短期课程，如语言学习、文化交流、专业技能提升等。学生可以在国外高校学习一段时间，深入了解当地的文化和教育体系。短期交流项目鼓励学生参与当地的文化活动和社会实践，如参观博物馆、艺术展览、社区服务等。这些活动有助于学生更好地理解当地的文化和社会环境。部分短期交流项目还可能包括学术研究或实习机会，使学生能够在国外高校的实验室、研究中心或企业中进行实际操作和项目参与。通过这些短期交流项目，学生接触到不同国家的教育理念、教学方法和社会文化，从而拓宽国际视野，增强跨文化沟通能力。

这些短期交流项目有助于提升学生的学术水平和实践能力，能够促进中国高校与国外高校之间的学术合作与交流。通过这些合作，中国高校可以更好地融入全球教育体系，培养具有国际视野和创新能力的高素质人才。这些项目也有助于推动中国高等教育的发展，提升中国教育的国际地位和影响力。

4. 国际学术会议和研讨会

中国高校定期举办或参与国际学术会议和研讨会，邀请国际知名学者进行学术交流，提升教师和学生的国际视野。国际学术会议和研讨会是教师和学生与国际学者交流学术思想和研究成果的平台。这些活动涵盖各个学科领域，如自然科学、社会科学、人文科学等，为学生和教师提供了解国际学术前沿的机会。会议和研讨会通常围绕特定主题展开，如可持续发展、科技创新、文化传承等。这些主题有助于引导学生关注全球性问题，培养跨学科思维能力。通过参与这些国际学术活动，教师和学生的国际视野得到拓宽，他们能够了解不同国家和地区的学术研究动态，促进国际间的学术交流和合作。国际学术会议和研讨会也是建立学术合作关系的契机。中国高校通过这些活动，与国外高校和研究机构建立联系，为未来的合作研究奠定基础。参与国际学术会议和研讨会需要具备良好的英语或其他外语能力。这有助于提升学生的外语水平，增强跨文化沟通能力。通过这些国际学术会议和研讨会，中国不仅提升了自身的学术影响力，也为教师和学生的国际化发展提供了宝贵的机会。

5. 国际实习和就业机会

中国高校通过与企业、研究机构等合作，为学生提供国际实习和就业机会，使学生在实际工作中提高实践能力和国际竞争力。中国高校与企业建立合作关系，为学生提供实习机会。学生可以在企业中参与实际项目，将所学知识应用于实践，提高解决实际问题的能力。高校与研究机构合作，共同开展科研项目。学生可以参与这些项目，学习研究方法和实践技能，为将来的学术或职业发展打下基础。高校提供就业指导服务，帮助学生了解国际就业市场，掌握求职技巧。此外，高校与企业合作，举办校园招聘会，为学生提供国际就业机会和创新创业平台。学生可以参与企业项目，锻炼创新思维和实践能力，为创业或就业做好准备。

通过这些国际化模式，中国的管理学科研究生教育既提升了教育质量，推动了学科创新，又提高了教师和学生的国际化水平，使他们能够更好地适应全球化背景下的管理挑战。

（二）国外高校教育国际化案例

在高等教育国际化背景下，很多国家的高校采取了不同的策略和措施来提升其教育国际化水平。

1. 新加坡国立大学

新加坡国立大学（National University of Singapore，NUS）是新加坡的最高学府，也是东南亚地区最顶尖的大学之一。该校在国际上享有盛誉，以其高水平的教学和研究而著称。新加坡国立大学积极吸引国际学生和学者，营造了一个多元文化的学习环境。该校的学生和教职员工来自世界各地，这使得校园文化更加丰富多样。与全球多所顶尖大学建立了合作关系，包括学术交流、联合研究项目和学生交换项目。这些合作伙伴关系不仅限于亚洲，还涵盖北美、欧洲、大洋洲等多个地区。该校提供许多国际化课程，这些课程旨在培养学生的全球视野和国际竞争力。学生有机会参与国际事务、多元文化研究等课程，以及海外学习项目。新加坡国立大学在科研和创新方面具有国际影响力。该校的研究成果在国际上得到广泛认可，并与全球的研究机构合作，共同解决全球性问题。新加坡国立大学在一些国家和地区设立了海外校园或项目，如与中国、印度等国家的合作办学项目，进一步扩大了其在全球的影响力。新加坡国立大学的这些国际化举措，使其成为新加坡乃至全球高等教育的典范，展示了高等教育国际化的多种可能性和发展方向。

2. 哈佛大学

哈佛大学（Harvard University）是全球最著名的高等教育机构之一，以其卓越的教育质量和丰富的学术资源而闻名。哈佛大学积极招收国际学生，为校园带来了多元文化视角。国际学生在哈佛大学的学生群体中占有重要比例，这有助于创造一个更加国际化的学习和研究环境。哈佛大学鼓励学生参与出国交流项目，如学期海外学习、暑期研究项目和国际实习等。这些项目丰富了学生的学术经历，增强了国际视野和跨文化交流能力。哈佛大学的课程设置注重国际化，提供涉及不同文化和地区的课程。这些课程能够帮助学生更好地理解全球问题和国际事务。哈佛大学与全球多所顶尖大学和研究机构建立了合作关系，包括学术交流、联合研究项目等。哈佛大学的这些举措提升了其教育的国际化水平，也促进了全球教育资源共享和文化交流，为其他高等教育机构提供了宝贵的经验和启示。

3. 牛津大学

牛津大学（University of Oxford）作为世界上最古老和最著名的大学之一，吸引了来自世界各地的优秀学生，国际学生在牛津大学的学生人数中占有重要比例。这些国际学生的加入，为牛津大学带来了多元文化，也促进了学术环境和学习氛围的国际化。牛津大学与全球众多顶尖大学建立了合作关系，包括学术交流、联合研究项目和学生交换项目。牛津大学的课程设置展现出高度的多元性与深度的融合性。例如，在人文社科领域，开设了"古典文明与现代社会思潮的交融"课程，深入探讨古希腊罗马文化在当今社会价值体系、政治理念与文化表达中的映射与演变，引导学生挖掘历史文明对现代多元社会构建的深远意义。

通过这些特色鲜明的课程设置与国际合作项目，牛津大学不仅培育出具备深厚专业造诣与广阔全球视野的学术精英，还在全球范围内推动了学科交叉融合的学术创新浪潮，以及跨文化深度交流的人文互动，为世界高等教育的卓越发展树立了典范并提供了丰富且极具价值的借鉴经验。

4. 麻省理工学院

麻省理工学院（Massachusetts Institute of Technology，MIT）是全球领先的科技和工程学院之一。MIT 发布了关于工程教育国际化的报告，这些报告为工程教育的国际化提供了指导和策略。MIT 开设了多种国际化课程，这些课程涉及全球工程挑战、国际发展、跨文化交流等领域。MIT 的课程设置彰显出前沿性、跨学科性与深度融合性的显著特征。例如，在科技与人文的交融板块，开设了"科技伦理与社会人文关怀"课程，深入探讨新兴科技成果在社会应用过程中所引发的伦理争议，以及如何从人文视角出发构建合理的科技应用框架，促使学生思考科技发展与人类社会价值体系之间的微妙平衡。

凭借这些独具特色且极具前瞻性的课程设置与国际合作实践项目，MIT 为高等教育机构在应对科技飞速发展与全球化挑战背景下的课程体系构建与人才培养模式创新提供了极为宝贵的典范经验与深刻启迪。

（三）欧洲高等教育国际化

"伊拉斯谟世界计划"是欧盟为推动欧洲与世界其他地区高等教育合作交流而开展的重要项目。这是一个由欧盟推动的重要项目，旨在提高欧洲高等教育国际化水平，增强欧洲高等教育的影响力和竞争力。该计划支持由至少 3 个欧盟国家的 3 所高校共同开设的硕士课程，并为欧洲以外国家的学生和教师提供奖学金。许多欧洲大学提供英语授课课程和学位，以吸引国际学生。这些课程通常涉及国际商务、国际关系、跨文化沟通等领域。欧洲的大学积极参与国际研究项目，与全球的合作伙伴合作，共同解决科学、技术和社会问题。

一些欧洲大学在其他国家设立了分校或与海外机构合作，提供双学位课程和其他教育项目。为了确保国际教育质量，欧洲建立了各种质量保证和认证机构，如欧洲高等教育区和博洛尼亚进程，以促进欧洲高等教育系统的互认和透明度。欧洲高等教育区（European Higher Education Area，EHEA）是由 49 个欧洲国家组成的区域，这些国家承诺在高等教育领域实施一系列改革，从而促进学生的流动、学分和学位的互认，以及高等教育质量保证。博洛尼亚进程（Bologna Process）是推动欧洲高等教育区形成的主要机制。

1. 博洛尼亚进程的主要目标

①建立欧洲高等教育区。通过一系列改革，建立一个连贯、兼容和透明的欧洲高等教育系统。

②促进学生的流动性。简化学生跨境学习的流程，提高欧洲高等教育体系的国际吸引力。

③学分和学位互认。实施欧洲学分互认体系（European Credit Transfer and Accumulation System，ECTS），确保学分在不同国家间得到认可。

④质量保证。加强高等教育质量保证机制，提高教育质量。

⑤终身学习。鼓励终身学习，提供多样化的学习路径和职业发展机会。

2. 博洛尼亚进程的主要成果

①"学士—硕士—博士"三级学位结构。所有参与国家的高等教育体系都采用了"学士—硕士—博士"三级学位结构。

②欧洲学分互认体系（ECTS）。ECTS 允许学生在不同国家的高等教育机构之间转移学分，以确保学习的连续性和可比性。

③质量保证标准（ESG）。欧洲标准与指南（European Standards and Guidelines，ESG）为高等教育质量保证提供了指导原则。

3. 博洛尼亚进程面临的挑战

①差异性。尽管所有参与国家都承诺实施相同的改革，但各国的实施速度和程度存在差异。不同国家的教育体系和课程设置存在差异，如何实现有效的学分转换和学历认证是博洛尼亚进程需要克服的难题。

②文化适应性。在推进国际化的同时，如何保持各成员国的本土特色和文化传统，是博洛尼亚进程需要平衡的另一个问题。不同国家的教育体系和文化背景对博洛尼亚进程的接受程度不同。

③经济和财政问题。博洛尼亚进程的实施需要大量的财政和资源投入，如何在成员国之间合理分配这些资源，确保公平和效率，是一个重要挑战。

④学生流动。尽管博洛尼亚进程鼓励学生流动，但实际流动率仍然较低，这主要受到签证、经济和语言等因素的限制。

4. 博洛尼亚进程的未来展望

①持续改进。博洛尼亚进程将继续关注高等教育体系改革，以提高其质量和国际竞争力。

②扩大参与。随着更多的国家加入，博洛尼亚进程的影响力将进一步扩大。

③学生支持。提供更多的支持服务，如语言培训、职业咨询和财务援助，以促进学生的流动。

博洛尼亚进程是欧洲高等教育领域的一项重要倡议，其不仅促进了欧洲高等教育体系的发展，也为全球教育合作提供了宝贵的经验和模式。

（四）中国大学的国际化

中国政府意识到高等教育国际化的重要性，将其视为提升国家软实力、增强国际竞争力、培养国际化人才的重要途径。因此，政府通过各种政策和措施推动中国大学的国际化进程。中国政府出台了一系列政策，鼓励和指导中国大学开展国际化办学。这些政策包括提供资金支持、简化签证手续、加强与外国高校的合作等。中国大学通过开设国际化课程、加强外语教学、开展国际交流与合作项目等方式，提升学生的国际竞争力；中国大学鼓励教师参与国际学术交流、科研项目和合作，提高教师的国际化水平，同时引进海外优秀人才，优化教师队伍结构。中国大学积极参与国际科研合作项目，与外国高校和研究机构共同开展研究；中国大学努力营造国际化校园环境，包括提供双语或全英文教学、引进外国教育资源、举办国际学术会议和活动等。其体现了国家对高等教育国际化的重视和追求，以及对于培养国际化人才的迫切需求。通过这些努力，中国大学正在朝着建设世界一流大学的目标迈进。

（五）苏安高级中学跨境办学案例

苏安高级中学与国内多所中学签署了"2+1"合作办学协议，采取中国 2 年、加拿大 1 年的教学模式。这种模式帮助国内中学直接引入了安大略省的高中课程，对江苏省中小学教育国际化产生了积极影响。苏安高级中学是一个在教育国际化方面具有代表性的案例，其展示了江苏省如何通过国际合作和交流来推进其教育现代化进程。苏安高级中学位于加拿大多伦多，是江苏省教育厅在北美设立的教育交流与培训平台。该学校提供了高质量、高效率的教师海外培训服务，并且拓宽了与海外教育机构的合作，全面推动了江苏教育的国际合作与交流。

苏安高级中学的建立和发展，是江苏省教育扩大对外开放、深化国际合作交流战略的一部分。江苏省与加拿大安大略省建立了长期稳定的友好关系，为江苏教育国际化的探索创造了良好的国际机遇与环境。

江苏省政府高度重视教育的对外开放，通过各种政策和措施，如《江苏省中长期教育改革和发展规划纲要（2010—2020 年）》，进一步强调了教育国际化的重要性，提出了具体的教育对外开放和国际化发展目标。苏安高级中学在这样的背景下，成了江苏省进行大规模、有针对性的海外人才培训的重要基地，并成为展示江苏形象、开展对外文化交流的一个重要窗口。

第二节　国际政策环境对教育合作的影响

国际政策环境对教育合作有着深远的影响。国际政策环境包括但不限于贸易政策、移民政策、外交政策、教育政策、知识产权保护政策等。教育机构需要密切关注国际政策环境的变化，并与政府、教育部门和其他利益相关者合作，制定和实施有效的策略来促进教育合作的顺利进行，这包括政策协调、资金支持、文化交流和标准制定等多方面。

一、贸易政策

贸易政策可以影响教育服务贸易，包括签证政策、关税壁垒、市场准入限制等。这些政策因素的变动，都会给国际教育合作带来不同程度的影响，如限制外籍教师和专家的流动，或影响教育资源的跨境流动。

具体来说，签证政策如果变得更加严格或难以获得，可能会导致外籍教师和专家难以进入特定国家，进而影响教育项目的实施，以及教育资源的跨境流动。进口教育材料或设备的关税过高时，会增加教育机构的运营成本，削弱其提供国际教育服务的能力。限制教育机构的设立和运营，会阻碍国际教育合作项目的发展。而像服务贸易总协定（GATS）、区域贸易协定等贸易协定，包含对教育服务的开放承诺，其一旦发生变化，就会对国际教育合作产生影响。

二、移民政策

移民政策是与学生签证和临时工作许可相关的政策，对国际教师的国际合作及学生的交流起着至关重要的作用，其政策变化会影响国际学生的数量、质量，以及教育机构的运营情况。

具体而言，学生签证政策若发生变化，比如，变得更加严格或难以获取，可能致使国际学生数量减少，进而影响教育机构的多样性与国际化水平。

临时工作许可政策一旦改变，就会影响外籍教师和专家开展国际合作。当工作许可政策变得更为严格或难以获得时，外籍教师和专家可能难以进入特定国家，从而对教育项目的实施及教育资源的跨境流动造成影响。

此外，移民政策的变化不仅会影响教育机构的运营，例如促使教育机构调整人员配置和运营模式以适应新政策环境，还会影响国际教师和学生的福祉，比如签证政策变严格时，国际教师和学生可能会面临更多的不确定性和压力。

三、教育政策

不同国家对教育的定义、标准和监管存在差异，从而导致国际教育的合作变得复杂且缺乏兼容性。不同国家的政策变化都会影响课程内容、教学方法和评估标准。

例如，不同国家的课程内容和教学方法不同，一些国家强调实践技能和职业培训，另一些国家则更注重理论知识和学术研究，这导致教育合作项目中的课程内容和教学方法不兼容；不同国家有不同的评估标准和考试体系，一些国家使用标准化考试来评估学生的学习成果，另一些国家更注重学生的综合能力和实践能力，这导致教育合作项目中的评估标准不兼容；不同国家有不同的教育政策和法规，一些国家对教育机构的设立和运营有严格的规定，另一些国家更开放和灵活，这导致教育合作项目中的政策和法规不兼容。

四、知识产权保护政策

知识产权保护政策对教育资源的共享和跨境使用至关重要。教育机构在国际合作中经常需要共享课程内容、教学方法、研究成果等资源。若这些资源涉及版权、专利或商标等知识产权，那么在跨境使用时必须遵守相关国家的法律和规定。

教育资源的跨境共享需确保各方遵守各自国家的知识产权法律，包括确保资源的使用、复制和分发符合版权法要求。国际合作研究项目产生新的知识产权该如何分配，以及如何在全球范围内共享和利用这些知识产权，需要各国之间的协议和协调。技术转移是教育合作的重要方面，但可能受知识产权保护限制，合作双方需要明确技术转移的条款，确保知识产权的合法使用和利益分配。开放教育资源（Open Educational Resources，OER）的跨境使用需要确保遵守各国的知识产权法律。教育机构需要确保 OER 的创建和使用符合版权法的要求，同时鼓励开放共享和再利用。

五、资金流动限制

某些国家会对资金流动加以限制，影响国际教育合作项目的资金筹集和分配。其限制原因可能是出于对国家安全的考虑，也可能是金融监管政策的要求。

国际教育合作项目往往要从外国合作伙伴或国际组织处筹集资金，一旦资金流动受到限制，项目的资金筹集便会受到波及，甚至导致项目无法启动或继续推进。即使项目能够获得资金，资金的分配和调度也可能受到限制，进而在关键阶段出现资金短缺的情况，影响项目的进展和质量。

教育机构要熟知目标国家的资金流动限制及合规要求，以确保其操作符合所有相关的法律法规。为此，教育机构应该建立有效的合规机制，比如，内部控制和审计程序，以确保资金流动的透明度和合法性。同时，应该寻求法律和财务专家的建议，帮助其理解和遵守资金流动限制，并找到合规的解决方案。此外，教育机构可以通过与当地合作伙伴建立关系，借助他们的知识和经验来应对资金流动限制。通过这些措施，教育机构可以更好地应对资金流动限制对国际教育合作项目的影响，确保项目的顺利进行和可持续发展。

六、文化差异和语言障碍

不同国家之间的文化差异和语言障碍会影响教育合作的有效性及效率，这些差异源于教育体系的历史、文化、政治和经济背景。

语言障碍会导致沟通不畅，影响教育合作的有效性与效率。不同国家的教育理念、教学方法和价值观存在差异，这会影响教育项目的实施和教育资源的跨境流动。

通过为教育工作者提供跨文化培训，帮助他们了解和尊重不同文化的差异，提高跨文化沟通能力。为非英语国家的学生和教师提供额外的语言支持，如语言课程、翻译服务和双语教学材料。采取以上这些措施，以达到促进学生积极参与，提高互动性，确保教育合作可以正常进行的目的。

七、数据保护和隐私

随着数据保护法规的加强，国际教育合作在处理学生和教师个人信息时确实需要更加谨慎，以确保符合不同国家的法规要求。欧盟的《通用数据保护条例》（GDPR）等类似法律，要求教育机构在处理个人数据时遵守严格的隐私保护标准。

教育机构要确保其数据处理实践符合相关国家法规，需深入研究并采取合规措施。教育机构跨境传输教师和学生的相关数据时，要遵守数据保护法规，获取同意并实施保护措施。教育机构存储和处理相关信息的设施、系统要符合要求，比如，实施加密、访问控制等。教育机构要确保用户（学生和教师）的权利得到尊重，包括数据访问、更正、删除和限制处理的权利，并要及时通知其有关数据处理活动的重要信息。此外，教育机构还需为员工提供数据保护法规的合规培训，确保他们了解如何处理教师和学生的个人信息，并遵守相关法规。

为了应对这些挑战，教育机构制定和实施数据保护政策，确保数据处理符合法规。教育机构在选择合作伙伴和服务提供商时，要确保其能提供符合数据保护法规的服务。教育机构在实施技术措施保护存储和处理的数据时，应定期监督和审计数据处理实践，以确保合规性。通过以上措施保障国际教育合作项目在处理个人信息时遵守数据保护法规，保护个人隐私及维护数据的安全性和完整性。

国际政策环境对教育合作的影响是多方面的，特别是在全球化背景下，这种影响更加显著。中国政府高度重视教育对外开放，出台了一系列政策文件，如《教育部等八部门关于加快和扩大新时代教育对外开放的意见》等。这些文件明确了教育对外开放的方向和措施。例如，加强同世界各国的互容、互鉴、互通，推动共建"一带一路"教育行动，以及积极参与全球教育治理等。

推动教育全球化和国际化发展。中国正积极推动教育国际化且与他国广泛开展教育合作，如孔子学院的建设、与多国签署学历学位互认协议等。中外合作办学作为教育对外开放的重要载体，在中国的发展尤为显著。例如，中外合作办学高校在组织模式、运行机制等方面都有其独特性。如管理架构、师资队伍和课程体系等方面都体现了中外合作的特点。教育合作不仅限于传统的教育交流，还包括人才培养、科学研究、社会服务等多方面的合作。例如，通过国际合作与交流推进"双一流"建设，依托国家公派留学助力高校教师队伍建设和国际化人才培养。新冠疫情虽然对国际教育合作造成了影响，但同时也促使中国教育在危机中寻找新机遇，如通过在线教育、远程学习等方式继续推进教育合作。

国际政策环境对教育合作影响深远，体现在政策支持、顶层设计、全球化国际化发展、中外合作办学、人才培养和科学研究等多方面，共同推动了中国教育对外开放的进程，并将继续影响其未来的发展方向。

国际政策环境对教育合作的影响体现在多个方面，以下是具体的案例分析。

欧盟的 Erasmus+ 计划是为了提升教育、培训、青年和体育领域项目的计划，通过提供资金支持，促进人员国际流动。该计划向全球开放，包括学生、实习生、专业人士、教师、志愿者等，提供海外学习、实习、联合硕士奖学金等多种机会增强参与者的技能和就业能力，支持语言学习、多语言能力发展及丰富教育内涵，确保教育的安全性与包容性。

Erasmus+ 计划的前身是 1987 年成立的伊拉斯谟计划，是为了促进欧洲共同体高校学生流动。这个计划在过去 30 年中帮助了超过 300 万人获得在欧洲其他国家高等教育机构或组织学习和培训的机会。新 Erasmus+ 计划目标是为 400 万人提供国外学习与交流机会，包括 200 万大学生、65 万个海外职业培训或实习机会、50 万青年参与国际志愿者或青年交流项目，以及 80 万教育和青年工作者海外研习教学方法的机会。该计划强调语言学习的重要性，通过网络语言平台助力跨境交流合作。欧盟委员会年度报告显示，Erasmus + 计划更具包容性和国际性，例如，2017 年，欧盟在该项目上的投资达到创纪录的 26 亿欧元，比 2016

年增长 13%。该计划在 2017 年为近 80 万人提供了海外学习、培训或志愿服务的机会，比 2016 年增长 10%。同时还资助教育机构、青年组织和企业之间合作，关注弱势社会背景参与者并提供额外资金资助，燕山大学和德国多特蒙德应用科学大学的项目展示了该计划的实践应用与成效。

第三节　教育信息化进步推动国际教育交流方式变革

教育信息化是指在教育领域全面深入地运用现代信息技术来促进教育改革和发展的过程。其包括将信息技术手段有效应用于教学管理、科研，以及教育信息资源的开发和利用，旨在培养适应信息社会的人才。教育信息化的核心内容是教学信息化，强调教学手段科技化、教育传播信息化、教学方式现代化。其技术特点包括数字化、网络化、智能化和多媒体化，基本特征是开放、共享、交互、协作。

一、推动《教育信息化2.0行动计划》

近年来，在中国教育部 2018 年发布的《教育信息化 2.0 行动计划》推动下，教育信息化取得显著进展，步入深度融合与创新阶段。该计划旨在深入贯彻党的十九大精神，加速教育现代化及教育强国建设，强调信息技术在教育系统性变革中的核心作用，将其作为推动教育现代化的重要手段，并着重推动教育观念、模式、体系的变革与重构，旨在实现教育信息化发展水平全球领先。

《教育信息化 2.0 行动计划》的重要意义是其标志着教育信息化从 1.0 时代进入 2.0 时代。这一转变的核心是将信息技术从外部变量转化为教育体系的内生变量，实现从专用资源向大资源转变，从提升学生信息技术应用能力向提升信息技术素养转变，以及从应用融合发展向创新融合发展转变。

计划的主要目标是通过实施教育信息化2.0行动计划，到2022年基本实现"三全两高一大"的发展目标，即教学应用覆盖全体教师、学习应用覆盖全体适龄学生、数字校园建设覆盖全体学校，信息化应用水平和师生信息素养普遍提高，建成"互联网＋教育"大平台。这将推动教育信息化从融合应用转向创新发展，让信息技术和智能技术深度融入教育全过程，全面提升师生信息素养，以适应信息社会要求。

为实现这些目标，计划提出了以下主要任务。

（一）深入推进"三通两平台"，实现信息化教与学应用的普及应用

"三通两平台"是中国教育信息化发展的重要战略，通过信息技术推进教育现代化、创新教学模式、提高教育质量。

1. 宽带网络校校通

确保各级各类学校具备宽带网络接入条件，在校内建立基本的教学环境。如建设多媒体教室、为教师提供基本软件工具和教学资源，以及确保一定比例的教师配备计算机并能利用网络教学资源备课授课。

2. 优质资源班班通

推动信息技术在教学和教研活动中的普遍应用。让有宽带网络的学校大部分班级能使用优质数字教育资源，借此提高教学质量和促进教育均衡发展。

3. 网络学习空间人人通

建设网络化的社交平台，服务于教师、学生和家长。提供教学和教研活动的网络互动支持，也是汇聚优质资源的平台。提供资源交易服务，帮助教师和学生获取丰富的优质资源。

4. 教育资源公共服务平台

利用云计算技术构建，覆盖全国，为"优质资源班班通"和"网络学习空间人人通"提供技术支撑和网络服务，直接影响教育资源的汇聚共享、建设与应用的衔接。

5. 教育管理公共服务平台

虽然其目标和功能未在资料中详细说明，但中国致力于在教育信息化的基础设施建设、优质数字教育资源的共建共享、信息技术与教育教学的深度融合、教育信息化的科学发展机制等方面实现新突破。

（二）持续推动信息技术与教育深度融合，促进教育信息化从融合应用向创新发展的高阶演进

1. 教育信息化的 2.0 版本

教育新基建，即教育信息化的 2.0 版本，不仅关注信息网络、平台体系、数字资源等新型基础设施的建设，还涵盖面向教育高质量发展的新发展理念。涉及技术在教育生态中的重要性，以及其如何影响和改变现代教育关系。

2. 技术在教育中的应用

信息技术的快速更新迭代正在深刻改变人们的生产、生活和学习方式。教育领域的数字化转型已经开启，人工智能、大数据、云计算等新技术正在推动教育教学的变革。

3. 优质资源的汇聚与共享

中国正在努力汇聚海量资源，提升优质课程的供给能力。如国家智慧教育公共服务平台覆盖基础教育、职业教育、高等教育各阶段，提供了丰富的优质资源。"慕课西部行计划 2.0"为西部高校学生提供大量慕课及定制化课程。

4. 人工智能赋能行动

教育部正在实施人工智能赋能行动，以促进智能技术与教育教学、科学研究的深度融合，包括推进数字教育试点、扩大优质资源的覆盖面、加强人工智能与数字伦理研究等。

（三）构建一体化的"互联网+教育"大平台

整合各级各类教育资源公共服务平台和支持系统，逐步实现资源平台、管理平台的互通、衔接与开放。

二、搭建国家智慧教育公共服务平台

国家中小学智慧教育平台自上线后，服务领域与应用规模持续拓展，截至 2024 年 5 月，页面浏览总量超 400 亿次。该平台主要服务学生和教师，提供课程教学、教师研修、电子教材等多样资源。同时，教育部计划推动其高质量集成化建设，优化功能并强化师生使用意识与能力。

国家高等教育智慧教育平台覆盖高等教育人才培养全流程，提供 2.7 万门优质慕课，以及 6.5 万余条教材、课件、案例等各类教学资源，并给予全流程教学服务、个性化教师专业发展等支持服务。

教育部鼓励高校夯实教学新基建，打造多种数字化教学场景，如通过 "慕课西部行计划 2.0" 让优质资源惠及更多西部学生，提升中西部高校教师教学水平，以此推动线上线下教育教学新模式。中国正致力于构建一体化 "互联网 + 教育" 大平台，整合各类教育资源公共服务平台与支持系统，实现资源平台、管理平台的互通、衔接与开放，推动教育信息化发展，达成教育资源更高效利用与共享。

国家教育数字化战略行动进一步推动了教育信息化的深入发展，国家智慧教育平台的建立便是例证。其是综合性的教育公共服务平台，旨在聚焦学生学习、教师教学、学校治理、赋能社会和教育创新等功能，是教育数字化战略行动取得的阶段性成果。其一期项目主要包括国家中小学智慧教育平台、国家职业教育智慧教育平台、国家高等教育智慧教育平台和国家 24365 大学生就业服务平台等四个子平台。教育部党组书记、部长怀进鹏强调，国家智慧教育公共服务平台的建立旨在抓住数字教育发展战略机遇，以高水平的教育信息化引领教育现代化。

教育部门还着力于大数据技术的应用，推动教育治理的高效化和精准化。教育数字化转型的核心是促进教育各要素、各业务、各领域和全流程的数字化转型。这包括教育内容、教学模式、评价方式、教师能力、学习环境等方面的全面数字化。同时，教育数字化转型也面临一些挑战，如数字化学习环境之间的沟通不畅、设备和系统的兼容性问题，以及教师缺乏相应的数字化教学知识和技能。

2014—2024，中国教育信息化建设成绩斐然。全国中小学互联网接入率达到 99.7%，多媒体教室普及率高达 95.2%，这些成就彰显了教育信息化在促进教育公平、提高教育质量、支撑教育现代化方面的重要作用。

三、发展教育信息化

中国教育信息化的发展包括实现"五大进展"和"四个全部"，如全国各级各类学校全部接入互联网，全国学校和师生全部纳入国家教育管理公共服务平台管理等。中国政府高度重视教育信息化，并将其作为教育现代化的重要内容。例如，教育部实施的国家教育数字化战略行动，旨在通过数字化手段推动教育转型升级，并积极探索在线教育国际合作交流机制。中国建立了世界第一大教育教学资源库，通过国家智慧教育公共服务平台，数字技术的叠加、倍增、溢出效应得到充分显现。这不仅提升了国内教育质量，也为国际教育交流提供了丰富的资源。

教育信息化的发展有助于缩小区域、城乡之间的教育差距，促进教育公平。例如，全国农村教学点数字教育资源的全覆盖，使得更多的学生能够接触到优质的教育资源。与此同时，中国与其他国家在教育信息化领域的合作不断加深，如通过联合国教科文组织等国际组织，中国在教育信息化方面与其他国家分享了经验和最佳实践，共同推动了教育信息化的发展。

四、国际教育数字化

国际上多国积极推动教育数字化，这已成为全球教育界的共识。许多国家出台教育数字化发展战略，利用数字技术推进包容和公平的优质教育。

（一）英国的教育数字化举措及成效

1.《教育科技战略：释放技术在教育中的潜力》

英国教育部于 2019 年 4 月发布了《教育科技战略：释放技术在教育中的潜力》这一指导文件，旨在推动教育数字化转型和发展教育科技，稳固英国教育科技产品在全球的领先地位。该战略的实施对英国教育产生了显著影响，如法利小学通过数字化手段提升了教学质量和优化教育管理。学校为学生提供免费的教育类笔记本电脑，并利用教育应用软件和网络数据库，为课堂教学和课后延伸学习提供新模式和新内容。这种方法大大提升了学生的写作成绩，使法利小学学生的各科成绩在全国小学生水平测试中都有所提高。

2. 教育科技示范者计划

英国教育部实施了"教育科技示范者计划"，通过政府资助和教育科技企业的技术支持，发挥示范学校在教学和数字化管理方面的优势和特色，免费向其他学校推广数字化经验。2020—2021年，全英格兰有超4000所学校获得了该计划的支持，超过20万名教职人员和200万名学生受益。

英国通过教育科技战略，推动教育数字化转型，旨在提高教学质量并缩小数字鸿沟。作为远程教育的先驱，英国开放大学利用多媒体和电子通讯技术手段进行教学，为那些没有机会接受高等教育的人提供学习本科或研究生课程的资源。其教育模式不受政府控制，实现了真正的内部自治管理，并注重学术研究和教学质量。

（二）教育信息化对国际教育交流的多方面影响

1. 提供新的平台和工具

教育信息化为国际教育交流搭建新平台、提供新工具，让不同国家和地区的教育机构及人员能更便捷地交流合作。如国家智慧教育公共服务平台提供丰富的数字资源与工具，促进教育公平与质量提升。

2. 推动教育资源的共享和创新

各国可通过信息技术高效分享和利用优质教育资源，实现教育资源的全球化配置。例如，数字化线上教育是学校教育和课堂教学的补充和延伸，从而推进线上线下教育相互融合成为全球教育领域的共识。

3. 促进教育评价体系的变革

随着信息技术的发展，教育评价不再局限于传统的纸笔测试，而是更加注重学生的实际能力和发展。例如，联合国教科文组织的《教育 2030 年议程》将信息技术能力作为重要指标之一，强调了信息技术在教育评价中的重要性。

4. 推动教育领导力的变革

信息化时代要求教育领导者具备信息化领导力，包括学校领导力与信息化建设执行力，以吸引、影响相关人员并实现组织目标。

综上所述，教育信息化改变了传统教学与学习方式，促进了教育资源全球共享流动，推动了教育公平。

第四节　文化多元性与教育国际化的关联

文化多元性与教育国际化之间存在着密切的关联。教育国际化是指教育机构、教育内容和教育实践的全球化和国际化，而文化多元性涉及不同文化背景、价值观、习俗和传统在教育环境中的共存和融合。文化多元性是指在全球化背景下，世界各国的民族、文化、语言和宗教多样性不断丰富。这种多样性给公民身份和公民教育带来了新的挑战，需要在统一性和多样性中寻找平衡点。多元文化教育强调尊重和保护人类文化多样性，促进不同群体之间的相互尊重和理解。教育国际化是指不同国家之间在教育领域的相互交流、研讨和协作，旨在解决共同的教育问题。随着全球化加速，教育国际化呈现出教育视野的不断拓宽、参与国家的增加、教育行为由自发转向有组织、内涵由单一转向多样、内生动力不断增强和基础条件更加完善等变化。

一、教育理念和价值观

教育国际化促使教育机构反思和调整其教育理念和价值观，以更好地适应不同文化背景的学生和教师。这包括更加开放和包容的教育理念，以及对多元文化的尊重和理解。

①教育机构需要认识到文化多样性的价值，并在此基础上构建更加包容的教

学环境。这意味着课程内容、教学方法、评价标准等方面都需要考虑到多元文化的因素。例如，课程内容可以更多地涵盖不同文化的历史、艺术、社会制度等，以促进学生对全球多元文化的理解和尊重。

②教育机构需要培养教师和学生的跨文化交际能力。这包括语言能力的提升、对不同文化习俗和价值观的理解和尊重，以及有效的跨文化沟通技巧。这种能力的培养有助于构建一个和谐、包容的校园文化，同时也能为学生未来的国际化职业生涯做好准备。

③教育国际化还要求教育机构在管理和决策过程中更加注重多元文化的视角。这意味着在制定教育政策、规章制度时，需要考虑到不同文化背景下的影响和效果，以确保所有成员的利益和需求得到平等对待。

教育国际化是教育内容和方法的国际化，更是教育理念和价值观的国际化。通过反思和调整，教育机构可以更好地适应全球化的趋势，培养出具有国际视野和跨文化能力的人才。

二、课程和教学方法

教育国际化鼓励教育机构开发和采用更加多元化和跨文化的课程和教学方法。这包括增加对不同文化和历史的学习，采用更多互动和体验式的教学方法，以及鼓励跨文化交流和合作。

（一）多元文化课程内容

教育机构在课程设计中融入不同文化和历史的学习意义重大，有助于学生了解世界各地的文化、历史、社会结构和发展趋势，丰富学生的知识结构，而且还培养了他们的跨文化理解能力。跨文化课程设计鼓励学生学习不同国家和地区的文化，包括语言、艺术、宗教、习俗等，从而培养对文化多样性的尊重和理解。了解不同国家和地区的历史背景，可以帮助学生理解当前的社会结构和价值观，以及历史对现代生活的影响。跨文化课程设计还涉及社会结构的学习，包括政治体制、经济体系、教育制度等，以帮助学生理解不同社会的发展模式和特点。分析不同国家和地区的发展趋势，如可持续发展、全球化、技术创新等，可以帮助学生理解全球化和区域发展的重要性。

为了实现跨文化课程设计，教育机构可以定期更新课程内容，引入前沿的跨文化研究和实践成果，以契合全球化背景下的发展趋势。为教师提供跨文化培训，提升其对不同文化与历史的认知及教学水平。组织实地考察、国际交流、文化体验等活动，让学生亲身体验和理解不同的文化和历史。在课程评估中，注重对学生跨文化理解能力的调查，提供反馈和指导，帮助学生不断提高。如此，教育机构便能有效落实跨文化课程设计，培育学生跨文化理解能力，为其未来发展奠定坚实的基础。

（二）互动和体验式教学

传统的讲授式教学方法正在逐渐被互动和体验式教学方法所补充。这类新型的教学方法强调学生的主动参与和体验学习，在提升学生多方面能力上颇具成效。

1. 互动和体验式教学方法

（1）项目式学习

鼓励学生通过解决实际问题或完成项目来学习。在此过程中，能够有效培养学生的创新思维、批判性思维和团队合作能力。

（2）案例研究

通过分析真实或模拟案例，帮助学生将理论知识应用于实践。这种方法，可大大提高学生分析问题与解决实际问题的能力，让学生明白理论如何在具体情境中发挥作用。

（3）角色扮演

安排学生在模拟情境里扮演不同的角色，这对于增强学生的跨文化沟通技巧，以及情境适应能力大有裨益。学生能够在模拟的场景中亲身体验不同角色的视角与需求，进而提升在跨文化交流等情境下的应对能力。

（4）模拟练习

借助如模拟法庭、模拟谈判等真实情境，帮助学生提高实践能力及解决实际问题的能力。学生在模拟的真实场景中进行演练，能够更深刻地理解相关流程与要点，积累应对实际情况的经验。

（5）实地考察

让学生亲身深入现实世界去体验和观察，这不仅能强化学生的实践能力，还能使其对理论知识有更透彻的理解。学生在实地考察过程中，能够将课堂所学与实际情况相互印证，加深知识的掌握程度。

（6）小组讨论和协作

鼓励学生积极分享并深入探讨各自的观点，有助于培养学生的团队合作和沟通技巧。利用信息技术，如虚拟现实、在线协作工具等，创造互动和体验式学习环境，提高教学效果。

2. 教育机构实现互动和体验式教学方法的举措

为了实现互动和体验式教学方法，教育机构可以从多方面着手开展相关工作。

（1）开发和提供丰富的教学资源

着力开发并提供丰富多样的教学资源，如真实案例、模拟练习材料等，这些资源能够为互动和体验式教学提供有力的支撑，确保教师在实施教学时有充足的素材可用，学生也能够更好地参与到各类学习活动中。

（2）教师培训

为教师提供关于互动和体验式教学方法的专业培训，通过系统的培训提升教师的教学技能及教学设计能力，使教师能够熟练掌握并灵活运用这些教学方法，更好地引导学生开展学习活动。

（3）营造学习环境

打造有利于互动和体验式学习环境，如小组讨论区、虚拟实验室等。这样的环境能够为学生提供更适宜的学习空间，激发学生的学习兴趣和积极性，促进学生之间、师生之间的互动与交流。

（4）鼓励学生并提供及时的反馈指导

鼓励学生积极主动地参与到互动和体验式学习中，并及时为学生提供反馈和指导。通过正面鼓励让学生保持学习热情，而适时的反馈与指导能帮助学生及时发现自身不足，不断调整学习策略，提升学习效果。

通过以上一系列举措，教育机构可以有效实现互动和体验式教学方法，提高学生的实践能力和跨文化沟通技巧，为他们的未来发展打下坚实的基础。

（三）技术的应用

信息技术的发展为教育国际化提供了新的工具和方法。通过在线课程、虚拟课堂、远程教学等手段，学生可以跨越地理界限，与世界各地的学生和教师进行交流和合作。

1. 信息技术助力教育国际化的多样形式

①通过在线课程，学生可以随时随地学习国际课程，接触不同国家和地区的教育资源。

②虚拟课堂允许学生与来自世界各地的教师和同学实时互动，共同参与教学活动。远程教学技术使得学生能够与教师进行实时或非实时的远程交流，不受地理位置限制。

③在线协作平台如 Google Classroom、Zoom 等，为国际学生和教师提供协作学习的空间，促进知识共享和交流。

④数字图书馆和资源库为学生提供了丰富的在线学习资源，包括学术论文、电子书籍和多媒体资料。

⑤虚拟实验室和仿真软件使学生能够在虚拟环境中进行实验和模拟，提高实践能力。

⑥信息技术支持的国际竞赛和项目，如在线编程比赛、全球科学实验等，促进了学生之间的国际交流和合作。

⑦社交媒体和网络社区为国际学生和教师提供交流和分享的平台，扩大了他们的国际视野。

2. 保障信息技术在教育中有效应用的举措

①投资于网络基础设施和信息技术设备确保学生和教师能够顺畅地使用在

线教学资源。

②为教师提供信息技术培训，提高他们使用在线教学工具和平台的能力。

③为学生提供技术支持和指导，帮助他们适应在线学习环境。

④结合在线教学资源和传统教学方法，设计适合在线学习的课程。

⑤采用在线评估工具，及时反馈学生的学习情况，促进教学质量和学生学习效果的提升。

（四）国际视角的教学材料

教材和教学资源的国际化也是一个重要趋势。教育机构越来越多地采用国际视角的教材，这些材料反映全球化的现实，并提供了多元文化的视角。采用国际视角的教材意味着教育内容不仅涵盖本国的历史、文化和社会现象，还包括全球范围内的相关内容。这些教材反映了全球化的现实，有助于学生更好地理解全球性问题。国际化教材提供了多元文化的视角，帮助学生了解不同国家和地区的文化差异，培养跨文化沟通能力。教材中包含全球范围内的案例研究，使学生能够从国际视角分析问题，提高解决全球性问题的能力。国际化教材和教学资源往往符合国际标准，有助于提高教育质量和竞争力。随着信息技术的发展，教育机构越来越多地采用数字化教材和在线教学资源，以适应全球教育的发展趋势。

与国外教育机构、出版商合作，共同开发国际化教材和教学资源。引进国外优秀的教材和教学资源，结合本国实际情况进行本土化改造。对教师进行国际化教学方法培训，提高他们对国际化教材和教学资源的应用能力。

（五）语言能力的培养

语言是文化交流的重要工具。教育国际化强调第二语言或外语的学习，以提高学生的语言能力和跨文化沟通能力。教育国际化强调学生学习一门第二语言，如英语、法语、西班牙语等，以提高他们的语言能力，为国际交流和合作做好准备。在教育国际化背景下，外语教学不仅关注语言知识的学习，而且强调语言文化的理解，培养学生的跨文化沟通能力。教育机构应创造语言环境，如外语角、语言俱乐部、国际交流项目等，鼓励学生使用外语进行交流和合作。聘请具有丰富国际经验和语言能力的教师，为学生提供高质量的外语教学和跨文化沟通能力培养。在课程设置中，教育机构应包括外语课程、跨文化交际课程、国际商务课程等，以提高学生的语言能力和跨文化沟通能力。提供学生实践的机会，如国际交流、实习、志愿服务等，让学生在实际环境中学习和应用外语，提高跨文化沟通能力。组织文化交流活动，如外语电影欣赏、国际美食节、语言文化讲座等，增进学生对不同语言文化的了解和尊重。

通过这些多元化的课程和教学方法，教育机构提升了学生的学术成就，并且帮助他们成为具有国际视野和跨文化能力的全球公民。

三、学生和教师背景

教育国际化带来了不同文化背景的学生和教师。这种多元性有助于培养学生的跨文化理解和沟通能力，同时也为教师提供了学习和适应不同文化背景的机会。

对于学生来说，与来自不同文化背景的同学一起学习和交流，可以显著提高他们的跨文化理解和沟通能力。这种能力在当今全球化的世界中尤为重要。其可以帮助学生在未来职业生涯中与不同文化背景的人合作和交流。此外，多元文化的学习环境还能够帮助学生发展开放的心态，增强对多样性的尊重和包容。

对于教师而言，教育国际化同样提供了学习和适应不同文化背景的机会。教师需要调整他们的教学方法和内容，以适应文化多样性的课堂。这要求教师具备跨文化敏感性，能够理解和尊重不同文化背景下的学习风格和价值观。教师也可以从学生那里学习到不同的文化观点和经验，这有助于他们个人的专业成长和发展。

四、教育政策和实践

教育国际化促使教育机构重新考虑其政策和实践，以确保所有教师和学生都能在包容和支持的环境中学习和教学。这可能包括制定多元文化政策和实践，以及提供针对不同文化背景的支持和服务。

教育机构需要制定明确的多元文化政策，这些政策应该涵盖对不同文化背景学生的接纳、支持和对文化多样性的尊重。这些政策可能包括反歧视和反欺凌的规则，以及对文化差异的敏感性和包容性的强调。教育机构可以开展特别项目，帮助新来的学生和教师适应新的文化环境。这可能包括文化适应研讨会、语言支持课程，以及介绍当地文化和习俗的活动。教育机构需要提供针对不同文化背景的支持和服务，例如，为非母语学生提供额外的语言支持，为有特殊饮食习惯的学生提供相应的饮食。

教师培训应该包括跨文化交际的技能和文化敏感性的培养，以确保教师能够有效地与不同文化背景的学生沟通和教学。课程内容和教学方法应该考虑到文化多样性，确保所有学生都能在课程中看到自己的文化反应，并能够以适合自己的方式学习。评价方法和反馈机制应该考虑到不同文化背景学生的学习和表达方式，确保评价的公平性和有效性。教育机构可以建立国际合作伙伴关系，促进教育资源的共享和交流，同时为学生和教师提供国际交流和合作的机会。通过这些政策和实践，教育机构能够更好地适应教育国际化的趋势，为所有学生和教师提供一个平等、尊重和支持的学习和教学环境。

五、国际合作与交流

教育国际化促进了教育机构之间的国际合作和交流，这有助于传播和分享不同文化的教育实践和经验。通过这些交流，教育机构可以更好地理解不同文化的教育需求和挑战，并共同探索解决这些问题的方法。

文化多元性与教育国际化相互促进，共同推动了教育的发展和改革。通过理解和尊重不同文化，教育国际化可以更好地满足全球化和多元化社会对教育的要求。国际中文教育的推广就是一个很好的案例，其不仅促进语言知识的传播，还成为连接不同文化、加深全球合作与理解的桥梁。中文教育的推广有助于全球学术界更全面地理解中国的历史、文化和社会，促进了学术研究的多元化和深入。通过学习中文，学生既能学到一门语言，又能深入了解中国丰富的历史、文化和哲学，从而加深对中华文化的理解和欣赏。中文教育的国际推广促进了语言知识的传播，并成为连接不同文化、加深全球合作与理解的桥梁。中文教育的推广有助于全球学术界更全面地理解中国的历史、文化和社会，促进学术研究的多元化和深入。

在多元文化背景下，教育管理面临着挑战与机遇。文化多样性对学生学习的影响包括语言障碍和价值观差异，教育体系中存在的文化歧视问题也需要关注。跨文化团队管理和跨文化领导成为教育管理的重要方面。同时，多元文化环境下的教育管理也提供了提高学生全球竞争力和尊重文化多元性的教育方法。

综上所述，文化多元性与教育国际化之间存在着紧密的联系。教育国际化的发展需要充分考虑和尊重文化多元性，通过多元文化教育促进不同文化背景的人们之间的相互理解和尊重，进而促进国际间的和谐共处。文化多元性也为教育国际化提供了丰富的内容和视角，使得教育国际化更加全面和深入。

第五节　共建"一带一路"倡议对国际教育合作的推动

共建"一带一路"（The Belt and Road，B&R）是中国于 2013 年提出的国家级顶层合作倡议，旨在通过加强国际合作与交流，促进经济要素的自由流动、资源的高效配置和市场的深度融合。这一倡议融合了古代丝绸之路的历史符号，强调和平发展的理念，致力于发展与合作伙伴的经济合作关系，共同打造政治互信、经济融合、文化包容的利益共同体、命运共同体和责任共同体。共建"一带一路"倡议是中国提出的重要国际合作倡议，旨在通过促进共建国家之间的经济、政治、文化等多方面的合作，推动共同发展。其中，教育领域的国际合作和交流是该倡议的重要组成部分，对增强各国间的相互理解和信任，推动构建人类命运共同体具有重要意义。

①教育国际合作和交流为共建国家提供了学习和借鉴彼此教育理念和经验的机会。通过教师交流、学生互访、联合研究等形式的合作，各国可以分享教育资源和知识，提升教育质量。这不仅有助于提高共建国家公民的整体素质和技能，也为各国经济发展提供了人才支持。

②教育交流有助于增进共建国家民众之间的相互了解和友谊。学生和教师的交流使得不同文化背景的人们有机会深入接触和交流，从而增进相互理解和尊重，减少文化差异带来的误解和冲突。

③教育合作也是推动共建国家经济社会发展的重要途径。通过提供教育资源和专业知识，中国可以帮助共建国家提升其教育水平，进而促进这些国家的经济和社会发展。这种合作不仅有助于提高当地人民的生活水平，也为区域和平与稳定做出了贡献。

一、共建"一带一路"倡议的重要意义

自 2013 年至 2022 年，中国与共建国家在进出口总额方面实现了显著增长，达到 19.1 万亿美元，年均增长率为 6.4%。此外，与共建国家的双向投资累计超过 3800 亿美元，其中中国对外直接投资超过 2400 亿美元。截至 2023 年 6 月底，中国与 150 多个国家、30 多个国际组织签署了 230 多份共建"一带一路"合作文件。2023 年 10 月 17 日至 18 日，第三届"一带一路"国际合作高峰论坛在北京举行，成为纪念该倡议十周年最隆重的活动。共建"一带一路"倡议的核心是亚欧非大陆及附近海洋的互联互通，建立和加强共建各国互联互通伙伴关系，构建全方位、多层次、复合型的互联互通网络。通过这些项目，旨在实现共建各国多元、自主、平衡、可持续的发展，促进投资和消费，创造需求和就业，增进共建各国人民的人文交流与文明互鉴。

共建"一带一路"倡议不仅是未来中国对外开放的总纲领，也应成为全面深化改革的总钥匙。通过融入国际治理和开展跨国合作，共建"一带一路"倡议的实施将为中国经济治理、国家治理、社会治理进一步引入来自治理体系之外的监督主体，创造强有力、更有效的外部监督，从根本上解决治理效率问题。中

国一带一路网提供了更多关于共建"一带一路"倡议的详细信息，包括政策解读、即时信息发布、企业经贸流通服务，以及共建国家人文交流和旅游合作的信息。

在国际教育合作方面，共建"一带一路"倡议产生了深远的影响。2014—2024 年，中国在高等教育对外开放、国际交流与合作政策、中外合作办学、高层次涉外专门人才培养、人文交流等方面取得了显著进展。这些进展不仅体现在教育领域的开放和国际合作上，而且涵盖政策沟通、设施联通、贸易畅通、资金融通、民心相通等多个方面，这些都是共建"一带一路"倡议的重要组成部分。

具体来说，中国在推进共建"一带一路"教育行动中，实施了多项政策和措施，如《推进共建"一带一路"教育行动》计划，该计划旨在推动区域教育的大开放、大交流、大融合，为共建国家提供了教育合作和人才支持的重要机遇。同时，中国在教育国际合作和交流中强调了数字化转型的必要性，这有助于提高教育合作的效率和质量，特别是在新一轮科技革命的背景下。共建"一带一路"倡议政策在教育领域产生了显著的影响，特别是在国际教育合作方面。近年来，中国积极推动教育国际交流，例如，通过中外合作办学、在共建"一带一路"倡议框架下推动教育对外开放等。这些举措旨在深化中外人文交流，为构建人类命运共同体提供有效路径，同时服务于中华民族伟大复兴的宏伟目标。共建"一带一路"教育国际交流，这个项目聚焦国家发展战略，谱写民间教育国际交流合作新篇章。通过整合各级各类教育资源，促进教育国际交流信息共享，推动共建"一带一路"教育共同体。

二、共建"一带一路"教育国际交流案例

（一）共建"一带一路"教育国际交流分会

复旦大学等高校和机构推动了共建"一带一路"教育国际交流分会，在共建"一带一路"教育国际交流方面扮演了重要角色。2019 年 12 月，复旦大学成立

了共建"一带一路"教育国际交流分会，这是一个全国性的非营利社会组织，隶属中国教育国际交流协会。该分会的成立旨在整合国内外高等教育、职业教育、基础教育等各层次院校的学科专业和合作伙伴资源，促进教育国际交流信息共享和优势互补，加强教育互利合作，开展人才联合培养，推动中国教育"走出去"，共建"一带一路"教育共同体，提升教育国际化水平和服务共建"一带一路"倡议的能力。"一带一路"教育国际交流论坛也是复旦大学推动共建"一带一路"教育国际交流的一个重要平台。论坛聚焦于高质量推进共建"一带一路"教育国际交流合作的路径、机制与方法，吸引了来自全国高等教育、职业教育、基础教育各层次院校和教育机构国际合作负责人与行业专家的参与。论坛上，专家学者们分享了共建"一带一路"教育合作的新观点、新思路和新举措，为推动共建"一带一路"教育共同体提供了智力支持。

此外，复旦大学还发布了《"一带一路"教育国际交流优秀案例选集》，聚焦于共建"一带一路"领域的教育国际交流案例书籍，由中国教育国际交流协会编著。这本书在 2021 年 12 月发布，旨在深入学习贯彻十九届五中全会精神，落实相关教育对外开放的文件要求。该书精选了来自全国 33 所高等教育、职业教育和基础教育学校的 35 个优秀案例。这些案例展示了各单位自 2013 年以来，围绕共建"一带一路"倡议，在教育国际交流方面的探索和实践。案例涵盖区域合作平台构建、教育交流机制设计、国际生培养模式创新、境外办学先试先行、政校行企合作共建、产教融合科研合作、教学设计及标准输出、院校国际化路径探索等多个领域。这些案例不仅展示了各单位在推动教育国际交流和服务共建"一带一路"建设方面的成果和实效，也是中国改革开放以来教育国际化成就的一个缩影。

（二）语言互通项目

中国在共建"一带一路"倡议语言教育方面也做出了显著的贡献。例如，"汉语桥"世界大学生中文比赛就是一个典型的案例，其吸引了来自"一带一路"共建国家的青年学生参与。这些项目不仅促进了语言学习，还加深了参与者对中华文化的了解。"汉语桥"世界大学生中文比赛是由中国国家汉办主办的一项大型国际汉语比赛。自 2002 年起，该比赛已经成功举办了二十多届，吸引了来自 70 多个国家的近千名选手参加。这个比赛不仅是一个展示汉语水平的平台，也是一项促进国际文化交流的重要活动，为中国与世界各国的青年学生提供了一个沟通心灵的桥梁。

第 22 届"汉语桥"世界大学生中文比赛的全球总决赛于 2023 年 9 月在广西南宁举行。参赛者来自亚洲、欧洲、非洲、美洲和大洋洲，他们通过激烈的比赛展现了各自的汉语能力和对中国文化的理解。塞尔维亚的李一帆在这一届比赛中获得了全球总冠军。此外，第 23 届"汉语桥"世界大学生中文比赛的越南北部及中部赛区决赛于 2024 年 5 月在河内举办。这一比赛不仅展示了中国语言的魅力，也促进了各国青年对中国文化的理解和兴趣。

"汉语桥"比赛通过这样的国际交流活动，加深了全球青年对汉语和中国文化的理解，同时也为学习汉语的学生提供了一个展示自己才能的平台。

（三）教育国际合作高峰论坛

在第三届"一带一路"国际合作高峰论坛上，教育作为一个重要议题被广泛讨论。论坛强调了教育在推动"一带一路"共建国家之间理解和合作中的作用，突出了教育对外开放的重要性。在第 3 届"一带一路"国际合作高峰论坛上，我国职业教育国际知名品牌"鲁班工坊"被多次提及，各界将其视为共建"一带一路"教育合作方面的重要成果。除此之外，丝路学院、郑和学院等职教品牌近年来也不断发展，有力推进了我国"职教出海"的步伐。共建"一带一路"倡议的十年，也是中国职业教育"走出去"提质增效的十年。在不断扩大高水平对外开放背景下，进一步推进"职教出海"势在必行。在国际交流合作中，国际先进的职业教育管理体制、教学理念和课程设置等有助于提升国内职业教育质量和水平，倒逼职业教育改革发展。"职教出海"是中国教育开放合作的重要组成部分，是建设中国特色世界水平高素质技术技能人才培养体系的重要支撑。

此外，中国还与多个"一带一路"共建国家的高等教育机构达成了学历学位互认协议，推动了大量的中外合作办学机构和项目产生。根据中国政府网的报道，中国已与 46 个国家和地区签订了学历学位互认协议，其中 24 个国家是"一带一路"共建国家。这些国家包括中东欧的 8 个国家（波兰、立陶宛、爱沙尼亚、拉脱维亚、匈牙利、罗马尼亚、保加利亚、捷克），东南亚的 5 个国家（泰国、越南、菲律宾、马来西亚、印度尼西亚），中亚的 5 个国家（哈萨克斯坦、土库曼斯坦、吉尔吉斯斯坦、乌兹别克斯坦、亚美尼亚），独联体的 3 个国家（俄罗斯、乌克兰、白俄罗斯），南亚的 1 个国家（斯里兰卡），东亚的 1 个国家（蒙古）和北非的 1 个国家（埃及）。

这些协议的签订不仅加强了中国与这些国家在教育领域的合作，还促进了双方在教育质量、学术交流和人才培养等方面的提升。通过这些协议，学生和学术人员在对方国家的教育机构中学习和研究时，他们的学历和学位将得到相互认可，这为国际教育合作和人才流动提供了便利。同时，这也反映了中国在推动全球教育合作和交流方面的积极努力，进一步提升了中国的国际教育影响力。这些举措不仅增强了中国教育的国际影响力，并且为国际人才培养和合作创造了良好的条件。

共建"一带一路"倡议通过加强教育国际合作和交流，不仅促进了共建国家之间的相互理解和合作，也为构建人类命运共同体做出了重要贡献。通过教育合作，各国能够共享发展成果，共同应对全球挑战，推动构建一个更加和平、稳定、繁荣的世界。

第四章　国际教育合作与交流的主要理念

第一节　平等、互利、合作、共赢的合作原则

国际教育合作与交流的主要理念是通过教育交流增进不同国家和地区人民之间的相互理解和尊重，从而促进世界和平与稳定。鼓励教育资源共享和教学方法交流，以促进教育质量提升和技能转移。在国际教育合作中，尊重和保护各国的文化多样性，促进文化交流和互鉴。通过国际教育，培养学生的全球视野和跨文化交流能力，使他们成为能够在全球舞台上发挥作用的公民。通过教育合作，提升人力资本的质量，推动经济发展和社会进步。努力消除教育障碍，提供平等的教育机会，使所有人都能从国际教育合作中受益。在国际教育合作中融入可持续发展理念，培养学生解决全球性问题的能力。利用现代信息技术，推动教育方式创新，提高教育合作的效率和效果。

一、平等、互利、合作、共赢的合作原则

（一）平等性

平等原则意味着在合作过程中，各方应享有平等的权利和机会，不受歧视或不平等对待。这包括教育资源的平等分配和机会的平等获取。所有参与国家在教育合作中享有平等的地位，无论国家大小、经济强弱，都应得到平等的尊重和对

待。教育合作基于平等原则，尊重各国教育体系和价值观，促进不同文化和教育体系之间的理解和尊重。合作项目应基于相互尊重和理解的原则，确保所有合作伙伴都能在平等的基础上参与和受益。

（二）互利性

互利原则强调合作各方应从合作中获益，实现共同目标和利益。这要求合作项目能够满足各方的需求，并促进各自的发展。教育合作应追求双方或多方的共同利益，确保所有参与方都能从中受益。合作应基于双方或多方的需求和利益，通过资源共享、知识交流和人才流动，实现共同发展和利益最大化。互利性原则强调合作成果共享，确保所有合作伙伴都能从中获益。例如，云南大学南亚东南亚大学联盟致力于通过区域合作平台的建设，促进教育交流机制的设计、国际学生的培养模式创新、境外办学的先行尝试、政校行企的合作共建、产教融合的科研合作等。

（三）合作性

合作原则意味着各方应共同努力，分享资源和责任，以实现合作目标。这要求各方在项目实施过程中保持开放和协作的态度。国际教育合作强调合作伙伴之间的协作和共同努力，通过共同参与项目设计、实施和评估，确保合作顺利进行和效果达成。合作性原则鼓励建立长期、稳定的合作关系。例如，复旦大学澜湄青年交流合作中心，这是一个以上海为基地的在线国际教育平台，面向澜湄区域的六国青年，旨在促进青年间的互学互鉴。该平台通过整合优质资源，为青年提供了参与跨国河流治理、环保合作等活动的机会。还有老挝留学生将广西百色的经验带回本国进行推广，东南亚青年就咖啡加工现代化展开讨论等。

（四）共赢性

共赢原则意味着合作项目应促进各方共同发展和进步，实现长期合作关系。这要求合作项目能够创造可持续价值，并惠及所有参与方。合作的目标是达成共赢局面，即所有合作伙伴都能从合作中获得预期收益和成果。共赢性原则强调通过合作实现共同繁荣和发展，避免零和博弈的竞争思维。例如，厦门大学马来西亚分校是共建"一带一路"倡议下教育国际交流的一个成功案例。其展示了如何在高等教育领域开展国际合作与交流。分校的创建和发展体现了共建"一带一路"倡议下教育国际化的特色做法、创新成果与经验总结。不仅体现了共建"一带一路"倡议提出以来各单位推动教育国际交流、服务共建"一带一路"建设的成果和实效，也是中国改革开放以来教育国际化成就的一个缩影。其展示了如何通过教育合作与交流，促进不同国家和地区之间的相互理解和合作，推动构建更加开放、包容和共享的教育体系。

这些原则体现了国际教育合作与交流的公正性和效率，并且有助于建立和维护长期稳定的合作关系，推动全球教育发展和进步。国际教育合作与交流遵循平等、互利、合作、共赢的合作原则，体现在多个方面。以共建"一带一路"教育合作为例，这一合作框架涵盖了政策沟通、设施联通、贸易畅通、资金融通、民心相通五大内容。其中，民心相通是社会根基，教育交流在其中发挥着基础性和先导性作用。例如，2022年中国已与东盟成员国签署了《双边教育交流合作协议》并与5个国家签署了《双边高等教育学历学位互认协议》，从而促进了教育政策的沟通与学位学历认证标准的联通。此外，中国还在132个共建国家开办孔子学院和孔子课堂，通过"汉语桥"夏令营项目邀请多国青少年来华访学，支持共建国家中文爱好者线上学习中文，体验中国文化。这些举措不仅促进了共建国家教育的普及公平和优质发展，还传承和弘扬了丝绸之路友好合作精神，为深化双多边合作奠定了坚实的民意基础。

二、国际教育合作与交流合作原则的重要意义

这些原则有助于推动教育国际化的发展，促进中外人文交流与合作，构建人文共同体，倡导全人类共同体的价值，如和平、发展、公平、正义、民主、自由等。

这些原则有助于教育国际化内涵和目的的实现。例如，国际教育工作者协会（NAFSA）提出了教育国际化的宗旨，强调国际化不仅是一种存在于书面上的可能性，而应从思想上、制度上和行动上成为当务之急。高等教育国际化是全球化

时代的必然过程，也是提高质量和相关性深思熟虑的必然选择。

此外，这些原则还体现了中国对于教育国际化的全面系统认识，以及中国在推动教育国际化方面的积极努力。例如，中国通过中外合作办学、教育合作项目等方式，在不同培养层次和学位课程开展合作，提供多元化的授课模式和融通中外的课程内容。同时，中国也在积极推动中国教育"走出去"，扩大教育国际合作开放的总体布局，持续扩大教育海外"朋友圈"。

综上所述，国际教育合作与交流遵循平等、互利、合作、共赢的合作原则，不仅有助于推动教育国际化的发展，也有助于构建人类命运共同体，促进各国人民之间的相互理解和尊重。

三、国际教育合作与交流如何实现平等、互利、合作、共赢

（一）平等参与

确保合作项目中的所有参与方都有平等的发言权和决策权是国际教育合作与交流中的一个关键原则。这一原则有助于建立公平、有效的合作机制，促进各方积极参与和合作目标的实现。在合作项目的设计和实施过程中，确保所有参与方都有机会参与决策过程，并能够充分表达自己的观点和需求。提供透明和及时的信息共享，确保所有参与方都能够了解合作项目的进展和决策结果。在决策过程中，尊重各方的意见和贡献，确保所有参与方都能够平等地参与讨论和决策。建立公正和有效的决策机制，确保决策过程能够充分反映各方的意见和利益。

为了实现平等的发言权和决策权，教育机构在合作项目开始前，制定明确的合作伙伴协议，确保所有参与方在项目中的权利和义务。建立决策机制，如协商、投票等，确保决策过程能够充分反映各方的意见和利益。为合作伙伴提供必要的培训和支持，提高他们在合作项目中的参与能力和决策能力。对合作项目进行监督和评估，确保决策过程的公正性和有效性。

（二）资源共享

鼓励合作各方共享教育资源和知识，促进资源的优化配置，是国际教育合作

与交流中的一个重要原则。这种资源共享有助于提高教育质量和效率，实现教育资源的合理分配和最大化利用。鼓励合作各方分享教学方法、课程内容、研究成果等知识资源，促进知识的传播和应用。建立资源共享平台，如在线课程库、教学资源库、研究数据库等，使资源能够被更多的教育机构和教师所利用。鼓励教师之间的交流与合作，分享教学经验和方法，提高教学质量和效果。组织国际会议和研讨会，提供学术交流和知识分享的机会，促进教育领域的创新和发展。参与国际教育项目，如联合培养项目、国际研究项目等，实现教育资源的优化配置和最大化利用。

为了实现资源共享，教育机构在合作项目开始前，要制定明确的资源共享协议，确保合作各方在资源共享方面的权利和义务。提供必要的技术支持，如云计算、大数据等，以促进资源共享和优化配置。为合作伙伴提供必要的培训和支持，提高他们在资源共享方面的能力和参与度。对资源共享项目进行监督和评估，确保资源共享的有效性和可持续性。教育机构可以促进合作各方共享教育资源和知识，实现资源的优化配置，提高教育质量和效率，为全球教育的发展作出贡献。

（三）互利合作

在合作项目的设计和实施过程中，充分考虑各方的需求和利益，实现互利共赢，是国际教育合作与交流的核心原则之一。这一原则有助于确保合作项目能够满足各方的期望，促进长期稳定的合作关系，并实现可持续发展。在合作项目启动前，对各方的需求进行详细评估，包括教育目标、资源需求、技术要求等，以确保项目能够满足各方的基本需求。在项目设计和实施过程中，寻找和维护各方利益的平衡点，确保所有合作伙伴都能从合作中获益。鼓励所有合作伙伴参与到项目决策过程中，确保决策能够充分反映各方的意见和利益。明确项目的共同目标，确保所有合作伙伴都朝着同一个方向努力，实现合作成果的最大化。

定期召开合作伙伴会议，讨论项目进展和问题，确保所有合作伙伴都能够及时沟通和协调。为合作伙伴提供必要的培训和支持，提高他们在项目实施中的能力和参与度，并为合作伙伴提供反馈和改进建议。教育机构要确保合作项目的设计和实施过程中充分考虑各方的需求和利益，实现互利共赢，促进全球教育的发展和进步。

（四）长期合作

建立长期的合作关系，通过持续的项目实施和交流，实现共同发展和进步，是国际教育合作与交流中的一个重要目标。这种长期合作有助于建立信任和理解，促进教育资源共享和优化配置，以及知识和技术的发展。在合作项目开始前，明确双方或多方共同追求的教育目标和发展愿景，确保项目能够促进各方共同发展。通过连续的项目实施，不断深化合作，实现教育资源共享和知识传播。建立定期交流和沟通机制，包括会议、研讨会、工作坊等，以促进合作方相互了解和知识共享。鼓励合作方互访，包括教师和学生之间的交流，以加深对彼此文化和教育体系的了解。开展共同研究项目和创新活动，促进技术和知识交流与合作。为合作伙伴提供培训和支持，提高他们在合作项目中的能力和参与度。

鼓励合作伙伴的社区参与，包括家长、当地政府等，以获得更多的支持和资源。教育机构可以建立长期的合作关系，通过持续的项目实施和交流，实现共同发展和进步，为全球教育发展做出贡献。

（五）透明和公正

保持合作过程中的透明度和公正性是确保国际教育合作顺利进行的关键因素。这种透明和公正性有助于建立信任，减少误解和冲突，并确保所有参与方都能够公平地参与和受益。确保所有合作伙伴都能获得项目相关的最新信息，包括进展、决策、资源分配等。在决策过程中，明确决策的标准和过程，确保所有合作伙伴都有机会表达意见并参与决策。在合作过程中，公平地对待所有合作伙伴，确保资源分配、利益分享和责任分担的公正性。

第二节　教育资源的共享与优化

教育资源的共享与优化是指通过一系列策略和措施，使教育资源在更广泛的范围内得到有效利用和合理分配，从而提高教育质量和效率。教育资源的共享与优化旨在打破地域、经济和文化壁垒，促进教育公平，提升教育质量，为所有人提供更多接受良好教育的机会。

一、教育资源共享与优化的含义

（一）开放获取（Open Access，OA）

OA 是一种通过互联网和其他信息技术手段，使教育资源对所有人开放的理念和实践。这一模式旨在打破传统出版模式中对学术信息的访问限制，让知识更加自由地流通，从而促进全球范围内知识共享和教育公平。

OA 有以下几种表现方式。①开放课程：如 MOOC（Massive Open Online Courses，大规模在线开放课程），允许任何人在线学习来自世界各地顶尖大学的教育资源。

②在线教材：通过开放教育资源（Open Educational Resources，OER）平台，提供免费或低成本的教材、课件、教学视频等，使学习资源更加易得。

③学术文章：开放获取期刊和预印本平台，允许研究者免费获取和分享学术论文，促进学术界的知识传播和交流。

开放获取的优点包括促进知识共享，使教育资源不受地理、经济和版权限制，任何人都可以访问和使用。提高透明度和可访问性，研究者可以更容易地获取和验证研究结果，加速科学发现和创新。降低学习成本，对于学生和教师来说，开放课程和教材降低了获取教育资源的经济成本。

（二）跨机构合作

跨机构合作是不同教育机构之间在教学、研究、资源等方面进行的合作。这种合作有助于整合各机构的优势资源，实现资源共享，提高教育质量和效率，促进教育创新。如上海市普陀区的创新合作办学模式，上海市普陀区通过创新联动发展机制，探索实践优质学校集群发展。又如华东师范大学附属小学教育集团开展的 TOK 课程与小学教学融合的实践研究，推进了上海课程资源和教师资源的集团化整合。此外，上海普陀区还探索了跨学段集团办学模式，如曹杨二中教育集团，以及跨区域合作办学模式，如与浙江省桐乡市和贵州省贵阳市的合作。

（三）资源配置

根据不同地区和学校的需求，合理分配教育资源，包括师资、设施、教材和资金，以减少资源浪费和提高使用效率。在中国，教育资源的合理分配是一个重要议题，特别是在不同地区和学校之间。为了减少资源浪费并提高使用效率，政府和社会各界正在努力解决这一问题。教育资源分配不均是一个普遍存在的问题。例如，大城市如北京、上海拥有优质的学校、师资和教学设施，而贫困或偏远地区的学校则资金不足，难以提供高质量的教育服务。这种差距导致了社会不平等，加剧了贫富差距。

为了解决这些问题，政府采取了一系列措施。例如，国家财政性教育经费占国内生产总值比例连续保持在 4% 以上，优先向农村地区、边疆民族地区、革命老区、边远贫困地区教育发展倾斜。这些措施有助于缩小城乡、区域、校际间的差距，并提高教育公平性。此外，还实施了如"特岗计划"等项目，旨在为中西部地区乡村学校补充教师，改善农村学校的教育质量。同时，国家也在努力提高农村学校的信息化水平，通过网络教学和数字教育资源的普及，使农村地区的学生和教师也能享受到优质的教育资源。

教育部门还强调了统筹城乡义务教育资源的均衡配置，包括改善农村学校的办学条件、教师队伍建设、学校布局和数字资源等方面，以确保农村和城市的孩子都能享受到同等的教育机会和质量。通过政府的积极干预和社会各界的共同努力，中国正在逐步解决教育资源分配不均的问题，推动教育公平和社会公正的发展。

（四）个性化学习

利用技术手段，为不同背景和能力的学生提供个性化的学习资源和路径，以满足他们的特定需求。人工智能（AI）技术在教育领域的应用为实现这一目标提供了可能。首先，AI技术能够基于学习者的个性特征和行为数据，提供智能化选择、决策和服务。这包括为学习者规划学习路径、供给学习资源、创设交互情境和提供实时反馈。通过学习数据的二次供给，可以同步调整和优化学习方案，实现个性化学习目标。这种闭环运行机制有助于提高学习效率和质量。其次，AI技术在教育中的应用还包括对学习者学业数据的有效采集和处理。利用大数据分析，可以对每位学生进行能力测评，并根据他们的不同情况制定有针对性的学习方案。这不仅提升了学习效率和效果，还提高了学生的创造力、想象力和竞争力。大数据平台还可以预测学生未来的学习发展趋势，生成专属学业画像，提供科学的发展建议。再次，AI技术还支持智能化知识图谱的构建，推送个性化的学习内容。通过智能题库跟踪学习过程，根据学生的学情分析，进行精准智能的个性化推荐。这种因材施教的方式，让每个学生都能获得量身定制的学习计划。最后，AI技术的新进展，如大型语言模型，为教育改革提供了更多的机会。这些技术可以提供一对一的学习辅导，引导学生独立思考，成为高质量的辩论对手，甚至扮演虚拟导师的角色，解释学科或技能的意义与应用前景。这些应用使学习方式、教学模式和资源供给更加个性化和高效。

（五）教师培训与发展

政府和教育机构通过教师培训和职业发展项目，旨在提升教师的教学能力和利用教育资源的能力。例如，教育部办公厅发布的《关于开展职业教育教师队伍能力提升行动的通知》强调了完善职教教师标准框架、提高职教教师培养质量、健全职教教师培训体系等措施。这些措施旨在加强职业教育教师队伍建设，提高教师的教学能力和素质。教育部制定了《中小学教师培训课程指导标准》，从师德修养、学科教学、班级管理、专业发展四个维度建立完善的教师培训课程指导标准体系。这些标准旨在促进中小学教师专业发展，提高教师培训的针对性和实效性。例如，北京市朝阳区教育科学研究院实施的教研支撑项目，通过创新教研活动的内容与形式，如"魔术物理"与"生活物理"系列教研过程，帮助教师体悟学科的价值与意义，提升教师的教学能力和对学科的热爱。教育部和财政部联合实施的职业院校教师素质提高计划，重点支持骨干教师、专业带头人、名师名校长和培训者等的能力素质提升。该计划旨在打造高水平、高层次的技术技能人才培养队伍。政府和教育机构通过多种途径和措施，不断提升教师的教学能力和利用教育资源的能力，以促进教育质量和效果的提升。

（六）政策和法规支持

政府和教育机构通过制定相应的政策和法规，鼓励和保障教育资源共享和优化。中国政府强调教育优先发展，通过深化教育管理与评价改革，优化教育支出结构，提高教育经费使用效益，以实现教育资源的合理分配和有效利用。同时，注重提高教育质量，让每个孩子享有受教育的机会，并推动城乡义务教育一体化发展。教育部重视信息技术与教育教学的深度融合，推动优质教育资源共建共享。通过建设学习平台、健全管理制度、发挥技术优势和创新教学模式，提升线上教学质量和水平，解决线上教学中存在的问题，如重复建设、形式单一、管理不规范等。《中国教育现代化 2035》战略规划强调了教育现代化的重要性，提出了推进教育现代化的八大基本理念，如注重以德为先、全面发展、面向人人、终身学习、因材施教等。该规划旨在到 2035 年实现教育现代化，建立服务全民的现代教育体系，普及有质量的学前教育，实现优质均衡的义务教育等。教育部办公厅发布的《基础教育课程教学改革深化行动方案》强调了更新教育理念、转变育人方式、坚决扭转片面应试教育倾向的重要性。该方案旨在通过深化课程教学改革，加强机制创新，提高育人水平，促进学生全面发展。中国政府和教育机构正通过一系列政策和措施,推动教育资源的合理分配和优化,以实现教育公平和社会正义。

总的来说,教育资源的共享与优化是指通过多种方式,使教育资源能够被广泛地访问和使用,从而提高教育质量和效率。数字化教育资源共享利用互联网和信息技术,将教育资源数字化,使其易于共享和传播。创建一个集中的在线平台或数据库,用于存储和分享各种数字化教育资源,如电子书籍、在线课程、教学视频、互动模拟等。投资于必要的技术基础设施,如高速互联网连接、云计算服务和数据存储设备,以支持资源的快速访问和大规模分发。开放教育资源的推广鼓励学校和机构开发和使用开放教育资源(OER),这些资源通常可以免费使用、修改和分享。确保所有数字化教育资源都遵循开放标准,以便其可以在不同的平台和设备上无障碍地使用和共享。明确教育资源的版权和知识产权,使用Creative Commons 等许可证来允许合法共享和修改。

跨地区和跨国界合作,鼓励不同教育机构之间合作,共同开发和使用数字化教育资源,实现资源互补和共享。通过国际教育项目和伙伴关系,共享教学方法和课程内容,促进教育理念交流和教育标准提升。创建在线教育平台,使教师、学生和研究人员能够分享和访问各种教育资源。为教师和专业人员提供培训,帮助他们有效地创建、使用和管理数字化教育资源。通过教师培训和职业发展项目,提升教师的教学能力和利用教育资源的能力。根据不同地区和学校的需求,合理分配教育资源,包括师资、设施和资金,以减少资源浪费和提高使用效率。政府和教育机构通过制定相应政策和提供激励措施,鼓励教育资源共享和优化。通过宣传活动和教育会议,提高教育工作者和学生对数字化资源共享平台的认识和利用率。通过这些方式,教育资源共享与优化能够促进教育公平,提高教育质量,同时为更多人提供接受良好教育的机会。

二、教育资源共享与优化的国内外案例

(一)教育资源共享

麻省理工学院(MIT)和哈佛大学共同创建的 Open Course Ware Consortium

是一个重要的教育资源共享案例。OCW Consortium 是一个全球性的非营利组织，致力于促进和扩大开放教育资源（OER）的使用。其通过提供免费和公开的大学课程、讲座、阅读材料、作业和考试，使全世界的人都能访问到高质量的教育资源。

OCW Consortium 的成员包括来自世界各地的大学，其贡献了自己的课程内容，使得这些资源可以被广泛地访问和利用。这种开放式的教育资源共享模式，不仅为全球学习者提供了学习机会，也推动了教育公平和终身学习的发展。通过OCW Consortium，学习者可以接触到不同学科和领域的知识，而无须支付传统教育机构的学费。OCW Consortium 的成功，展示了教育资源共享如何能够打破地理和经济壁垒，让更多的人受益于高等教育。

中国大学 MOOC（慕课）是中国领先的在线教育平台之一，其汇集了来自国内众多高校的在线课程资源，为广大学习者提供了一个开放、共享的学习平台。中国大学 MOOC 提供了涵盖各个学科领域的课程，包括文学、历史、哲学、经济、管理、法律、教育、艺术、外语、计算机科学、工程、医学、理学、农学、林学等。这些课程由国内知名高校的教师和专家讲授，保证了课程的专业性和权威性。用户可以通过注册账号登录中国大学 MOOC 平台，根据自己的兴趣和学习需求选择课程。平台提供视频讲解、课件、讨论区、作业提交和评分等功能，支持学习者自主安排学习时间和进度。中国大学 MOOC 鼓励学习者之间的互动交流，通过讨论区、群组等方式，学习者可以就课程内容进行讨论和分享，形成良好的学习社区。完成某些课程的学习并通过考核后，学习者可以获得由授课高校颁发的认证证书，这有助于提升个人在求职或职业发展中的竞争力。中国大学 MOOC 不仅为个人学习者提供了学习机会，也为企业培训、政府机构、社会团体等提供了定制化的在线教育解决方案，推动了社会对终身学习和职业发展的重视。

通过中国大学 MOOC 等在线教育平台，教育资源得以开放和共享，让更多的人能够享受到高质量的教育服务，这有助于提高全民素质，也为国家的经济社会发展提供了人才支持。

（二）教育资源优化

1. 中外合作办学

中国教育对外开放政策鼓励与世界一流教育资源开展高水平合作办学。通过引进国外先进的教育思想和办学理念、高水平的学科及专业、优质的课程和教材等，中国教育机构在提升办学效益上取得了显著成效。例如，截至2020年年底，中国的中外合作办学机构和项目达到2332个，其中本科以上1230个。这些合作项目不但满足了学生不出国门就能享受高质量国际化教育的需求，还在一定程度上促进了高等教育改革。

例如，浙江大学爱丁堡大学联合学院是浙江大学和英国爱丁堡大学合作于2016年设立的非独立法人中外合作办学机构。学院开设了生物医学和生物医学信息学两个双学位本科专业，以及双学位博士项目和外方单学位硕士、博士项目。学院融合东西方教育优势，建立了"全人培养，全球浸染、全链实践"的人才培养理念，并在2018年获得年度中英教育机构奖，2024年获得年度英中教育合作伙伴奖。该学院已连续两届担任中外合作办学联席会主席单位，并在人才培养模式上取得了显著成效，例如，在"互联网+"大学生创新创业大赛上获得全国总决赛金奖，毕业生深造率高达89.7%，其中直博率55%，世界TOP20名校录取率43.9%。

同济大学中德工程学院是同济大学与德国高等教育合作的"灯塔项目"，旨在系统学习借鉴德国应用科学大学的经验，结合中国实际，培养国际化优秀工程人才。经过20年的发展，学院成功实现了德国高等工程教育模式的本土化和可持续发展，培养了一大批具有国际胜任力的卓越工程人才，这些人才活跃在推动中德发展与交流合作的各个领域。

2. 线上教育教学资源建设与应用

中国教育部等五部门联合发布的《关于大力加强中小学线上教育教学资源建

设与应用的意见》提出了 5 个方面 16 项重要举措，以促进教育公平发展和质量提升。该政策强调建立数字教育公共服务新生态，包括线上教育平台体系、学科课程资源体系、政策保障制度体系等。通过整合各级各类教育资源公共服务平台和支持系统，形成面向全网络、全场景、全流程的数字化服务教育信息化新生态。这些举措旨在通过线上教育资源的建设和应用，推动中小学教育的改革和发展，实现教育资源的优化配置，提高教育质量和效率，促进教育公平。

3. 中国基础教育资源布局研究

资源配置不均是中国基础教育发展面临的核心问题，反映在空间上是资源布局不均。为解决这一问题，中国进行了大量研究，包括资源布局的空间特征与演化趋势、需求与供给方影响要素、均衡性评价标准与方法等。研究指出，在结合教育发展规律分析基础教育资源空间布局模式与演化规律、多学科融合探索基础教育资源空间布局生成机制等方面，应进行深入研究。

这些案例展示了教育资源优化在不同领域的实践，从中外合作办学到线上教育资源的建设和应用，再到基础教育资源布局的优化，都体现了教育部门在提高教育资源利用效率和促进教育公平方面的努力。

第三节　跨文化理解与全球视野的培养

跨文化理解与全球视野的培养对于个人和社会都具有重要意义。首先，其有助于增进不同文化背景之间的相互理解和尊重，促进文明交流互鉴。通过正确理解文化价值的共同性与多样性，我们可以更好地尊重和珍视文化的多样性，并在经济全球化和世界经济一体化的进程中，增强对文化多样性的认识和尊重。其次，跨文化理解与全球视野的培养有助于促进集体主义文化与个人主义文化的交融。在全球化背景下，我们可以从不同文化中学习，融合集体主义与个人主义价值观的优点，促进个人和社会的全面发展。此外，跨文化理解与全球视野的培养对于个人来说，有助于开拓国际视野，增强人际沟通能力，为未来的就业做好准备。对于社会而言，其有助于提升国家的软实力，促进国际交流与合作，为构建更加和谐、包容的国际社会贡献力量。

跨文化理解与全球视野的培养不仅能够增进国际间的相互理解与尊重，还能够促进文化的多元交流与融合，为构建一个更加和谐、包容的世界作出贡献。

一、跨文化理解与全球视野培养方法

跨文化理解与全球视野的培养是指通过教育和其他途径，使人们能够理解和尊重不同文化背景下的价值观、行为和沟通方式，并在此基础上发展出对全球问题的深刻理解和解决能力。下面是一些培养跨文化理解和全球视野的方法。

（一）多文化教育

在课程设计中融入不同文化的观点和材料，包括历史、文学、艺术、音乐和宗教等，以展现全球范围内的文化多样性。教授学生有效的跨文化沟通技巧，包括语言学习、非语言沟通、文化敏感性和冲突解决策略。为教师提供培训，帮助他们更好地理解和尊重不同文化，以及如何在教学中融入多元文化视角。通过国际学生交换项目、教师交流计划和远程协作项目，提供亲身体验不同文化的机会。采用多样化的教学方法和材料，如多媒体资源、互动软件和在线课程，以适应不同文化背景学生的学习风格。在校园内庆祝不同文化的节日和活动，鼓励学生分享自己的文化传统，以营造一个包容和尊重多样性的环境。政府和教育机构应制定相关政策，支持多文化教育的实施，包括资金投入、课程改革和教育标准的调整。

（二）利用技术手段

跨文化理解与全球视野的培养是指通过现代信息技术，如互联网、社交媒体、在线教育平台等，促进不同文化背景的人们之间的交流和理解，拓宽他们的全球视野。建立在线学习平台，让学生和教师与来自世界各地的人们共同学习、交流和合作，分享不同的文化视角和经验。通过虚拟交换项目，让学生通过视频会议、社交媒体和在线合作工具与国外的同龄人交流和合作，从而获得跨文化体验。利用在线资源，如多语言课程、语言交换平台和翻译工具，帮助学生学习和实践不同的语言，提高跨文化沟通能力。使用在线模拟和游戏，让学生在虚拟环境中探讨全球性问题，如气候变化、国际冲突和经济发展不平等，从而培养他们的全球视野和问题解决能力。通过虚拟现实（VR）和增强现实（AR）技术，提供沉浸式的文化体验，让学生"亲临其境"，体验不同的文化和历史。鼓励学生参与国际社交媒体网络，如 Twitter、Instagram 和 LinkedIn，以关注全球事件和与全球同行建立联系。参与在线国际会议和研讨会，让学生有机会听取全球专家的观点和讨论，增加对全球性问题的理解。邀请国际学者和专家通过远程技术进行教学和讲座，让学生直接从全球专家那里学习。

（三）全球性问题教学

在课程中包含全球性问题，如气候变化、国际安全、贫困、健康、人权和可持续发展等，使学生能够从不同文化和地区的视角来理解和分析这些问题的复杂性。鼓励跨学科的学习方法，让学生从不同学科的角度探讨全球性问题，例如，结合环境科学、经济学、政治学和人文社会科学的知识。培养学生的批判性思维能力，使他们能够对全球性问题的根源、影响和可能的解决方案进行深入分析和批判性思考。通过实际的案例研究、项目工作、模拟演习和社区服务，让学生参与到解决全球性问题的实践中去，增强他们的实践能力和经验。全球性问题教学不仅帮助学生获得了知识和技能，还激发了他们的全球责任感，为成为积极参与全球事务的公民打下基础。通过这种方式，教育机构能够为应对全球性挑战作出贡献，并培养出能够理解和解决这些问题的未来领导者。

（四）国际组织实习和志愿服务

鼓励学生参与国际组织的工作或志愿服务项目，以获得实际的跨文化工作经验。国际组织实习和志愿服务是个人在国际层面参与和贡献自己能力的方式，这些经历对于培养跨文化理解、全球视野和专业技能非常重要。实习通常针对在读学生或近期毕业生，为他们提供在国际组织内部工作的机会。实习生可以在国际组织的各个部门工作，如政策研究、项目管理、沟通宣传、法律事务等。志愿服务通常不限制年龄和职业背景，任何人都可以根据自己的兴趣和能力参与，可以在本地、国家或国际层面进行，涉及教育、卫生、环境保护、社会发展等多个领域，持续时间灵活，从短期项目到长期承诺不等。

参与国际组织实习和志愿服务的好处包括：在多元文化环境中工作，提高跨文化沟通和适应能力。在实践中学习和提升专业技能，如项目管理、数据分析、沟通协调等。建立国际联系网络，为未来的职业发展铺路。增强自信，提高自我认知，培养独立和解决问题的能力。提高外语水平，尤其是当工作语言是第二外语时。通过这些方法，教育者和学习者可以更好地理解世界各地的文化差异，培养解决全球性问题的能力，并为建设一个更加和谐、包容的世界作出贡献。

（五）跨文化课程设计

促进学生的全球视野涉及将国际化、跨文化理解和全球问题解决能力融入到教学大纲和课程活动中。在现有课程中整合全球议题和案例研究，使学生能够从不同文化和社会视角来看待问题。开设专注于跨文化沟通技巧的课程，包括语言学习、非言语交流、文化意识和冲突解决。构建由不同文化背景的教师组成的团队，以提供多元化的视角和经验。设计跨国项目和研究，让学生与国外学生合作，共同解决实际问题。提供国际实习、志愿服务或社区服务的机会，让学生在实际环境中学习和应用全球视野。利用技术手段，如视频会议、在线论坛和虚拟交换项目，让学生与全球同伴进行互动。在课程中包含来自不同文化和语言背景的文献和资源，以促进对不同观点的理解和尊重。开设专门探讨全球公民身份、责任和参与的课程。培养批判性思维能力，鼓励学生分析和解决全球性问题。提供多种语言教育，鼓励学生成为双语或多语者。定期邀请国际学者、专家和领导人来校园举办讲座和研讨会。在课程评估中包含对全球视野和跨文化理解能力的评价，以促进持续改进。课程设计可以有效地促进学生的全球视野，为他们成为全球公民和领导者打下坚实的基础。

二、鼓励学生积极参与国际交流

（一）国际交流推广和教育

通过举办讲座、研讨会及宣传活动来向学生介绍国际交流的诸多好处，像语言技能提升、跨文化理解能力增强，以及能获得个人与职业发展的机会等，如此可有效提高学生对国际交流的兴趣及参与度。

国际交流能给予学生学习新语言的契机，在实际的语言环境里，学生的语言技能会显著提高。并且学生在与不同文化背景的人进行交流合作时，能够增进对各类文化的理解与尊重，进而培养起跨文化沟通能力。

国际交流还给学生提供了拓宽视野、增长见识的机会，这对他们的个人成长及职业发展都大有益处。当学生参与国际交流项目时，能够接触到国际前沿的学术资源及科研环境，为自身的学术和科研发展创造机会。

国际交流还有助于培养学生的国际视野及竞争力，使其能更好地适应全球化的工作环境。并且通过国际交流，学生可以建立起国际网络，从而为未来的职业发展提供更多的机会和资源。

（二）提供激励

为参与国际交流的学生提供奖学金、补助金或其他形式的奖励，以减轻他们的经济负担。政府可以通过设立专项奖学金，如国家留学基金委奖学金、教育部出国留学基金等，为优秀学生提供出国留学的机会和资金支持。高等教育机构可以设立校内奖学金，鼓励学生参与国际交流项目，如校长奖学金、优秀学生国际交流奖学金等。与企业建立合作关系，吸引企业赞助国际交流项目，为学生提供奖学金和实习机会。鼓励学生申请国际组织或非政府组织的奖学金，如世界银行、联合国教科文组织等。鼓励学生通过个人资助、亲友筹款等方式筹集国际交流资金。提供学生贷款和助学金，帮助经济困难的学生参与国际交流项目。提供志愿服务和实习机会，使学生能够在经济上负担得起国际交流项目。通过这些途径，可以为参与国际交流的学生提供经济支持，减轻他们的经济负担，促进更多的学生积极参与国际交流，从而提高他们的国际视野和竞争力。

（三）整合课程

将国际交流项目与课程学习相结合，可以让学生在学术上也能从国际交流中受益。这种结合可以为学生提供一个更全面的学习体验，帮助他们将国际交流的经验与学术课程相结合，提高学习效果和职业竞争力。国际交流项目与课程学习相结合，可以使学生在海外学习的学分得到国内院校的认可，进而提高学习效率。通过国际交流，学生可以将所学理论知识应用于实际工作中，加深对课程内容的理解和应用。参与国际交流项目，学生可以接触到国际前沿的学术资源和科研环境，为他们的学术研究提供更多的机会和资源。国际交流项目可以帮助学生从不同文化背景的角度看待学术问题，培养跨文化视角和批判性思维能力。国际交流项目为学生提供了学习新语言的机会，通过实际的语言环境，学生的语言技能可以得到显著提升。

（四）建立合作伙伴关系

与海外高校建立合作关系，为学生提供多样化的交流项目选择，包括短期交流、学期交换、联合培养项目等，是促进国际教育合作和提升学生全球竞争力的重要途径。短期交流项目通常为期几周或几个月，允许学生体验外国文化、学习语言、参加课程或进行研究。学期交换项目中学生可以在海外高校度过一个完整的学期，通常包括课程学习、文化交流和学术研究。联合培养项目涉及两个或多个高校之间的合作，学生可以在不同高校之间学习，获得双学位或联合学位。双学位项目学生可以在两个不同国家的高校完成学业，获得两个国家的学位。研究项目可以让学生在海外高校进行研究，获得研究经验，并与国际学者合作。随着技术的发展，在线学习项目为学生提供了灵活的学习方式，使他们能够远程参与国际教育项目。文化体验项目侧重于文化交流，包括语言课程、文化体验和社交活动。

通过与海外高校建立合作关系，教育机构可以为学生提供多样化的交流项目选择，满足不同学生的需求和兴趣。这些项目有助于学生拓宽视野、增强跨文化理解能力和全球竞争力。

（五）提供支持和资源

为学生提供必要的支持和资源，包括语言支持、文化交流培训、签证和旅行咨询等。对于非英语国家的学生，提供英语作为第二语言（ESL）或英语作为外语（EFL）课程，帮助他们提高英语水平，以更好地适应学术课程和日常生活。提供文化适应辅导，帮助学生了解和适应新的文化环境，包括社会习俗、学术期望和交流方式。提供签证申请、旅行保险、住宿安排等咨询服务，帮助学生顺利办理出国手续。提供学术写作和口语练习的支持，帮助学生提高学术英语的准确性和流利度。提供心理健康支持，帮助学生应对文化适应过程中的压力和挑战。设立国际学生办公室，提供一站式服务，包括咨询、信息共享、学生互助等。建立学生互助计划，让已经参与国际交流的学生帮助新参与的学生适应新环境。提供紧急联系信息，确保学生在遇到紧急情况时能够及时获得帮助。组织文化体验活动，帮助学生更好地了解和融入当地文化。建立校友网络，为学生提供职业发展和就业机会的信息和资源。教育机构可以确保学生在国际交流项目中感到舒适和自信，从而提高他们的学习体验和全球竞争力。

（六）数字化技术支持

利用虚拟交流技术，如视频会议、在线合作项目等，为不能亲身参与国际旅行的学生提供国际交流体验，是一种创新的教学方式。这些技术手段能够克服地理和时间限制，使学生能够与来自不同国家的同伴进行互动，学习新的语言和文化，从而提升跨文化交流能力。

通过视频会议平台，学生可以与外国教师和同学实时互动，参与国际课程和研讨会。组织学生参与在线合作项目，如远程研究、国际竞赛、虚拟团队建设等，促进学生之间的跨文化交流和合作。与外国高校合作，开展虚拟交换项目，让学生在虚拟环境中体验外国文化和教育体系。提供在线语言学习平台，让学生与母语者进行语言练习，提高语言技能。组织在线文化体验活动，如虚拟旅行、文化讲座、艺术欣赏等，让学生了解不同国家的文化。利用社交媒体和在线社交平台，鼓励学生与外国朋友建立联系，交流心得和经验。提供虚拟实习和实训机会，让学生在虚拟环境中体验真实的工作环境和流程。学生可以体验到国际交流的乐趣和价值，拓宽视野，提升跨文化交流能力。同时，这些技术也为那些无法亲身参与国际旅行的学生提供了更多的机会，使他们能够积极地参与到国际交流中来。

（七）强调实际应用

强调国际交流在学生未来职业发展中的实际应用，特别是在全球化背景下的就业市场，对于提高学生参与国际交流项目的积极性至关重要。

国际交流能够培养学生的全球视野，使他们能够理解和适应全球化的工作环境，提高他们在全球就业市场的竞争力。国际交流项目能够培养学生的跨文化沟通能力，这对于在全球化背景下工作的人来说是一项重要技能。通过国际交流，学生可以学习新语言，提高语言能力，这对于在跨国公司工作或在多语言环境中工作的人来说尤为重要。国际交流项目为学生提供了建立国际网络的机会，这些网络对于未来的职业发展和就业机会十分重要。国际交流能够培养学生的适应性和灵活性，使他们更好地应对全球化带来的挑战和变化。国际交流帮助学生获得实践经验，了解不同国家的商业实践和文化差异，这对于未来的职业发展非常有帮助。国际交流项目能够培养学生的领导力和团队合作能力，这是全球化背景下就业市场所需的关键技能。通过强调国际交流对学生未来职业发展的实际应用，教育机构可以提高学生参与国际交流项目的积极性，为他们未来的职业发展做好准备。同时，这也有助于教育机构吸引更多的优秀学生，提升其教育质量和国际声誉。

（八）鼓励多样性

鼓励来自不同背景的学生参与国际交流，是确保教育环境多样性和包容性的重要举措。这种多元化的参与不仅丰富了校园文化，还有助于培养学生的全球视野和跨文化交流能力。确保国际交流项目的选拔过程公平、透明，不歧视任何背景的学生。为来自不同背景的学生提供奖学金和资助，减轻他们的经济负担，使他们能够平等地参与国际交流。为有特殊需求的学生提供额外的语言和文化支持，帮助他们克服语言障碍，更好地融入国际交流环境。建立同伴支持系统，让已经在国际交流项目中的学生帮助新来的学生适应新环境。为教师和工作人员提供多元文化培训，提高他们对不同文化背景的理解和尊重。组织文化体验活动，鼓励学生分享和展示自己的文化。鼓励和支持学生组织和社团的活动，促进不同背景学生的交流和合作。通过宣传和推广活动，让更多的学生了解国际交流项目的价值和意义，鼓励他们积极参与。教育机构可以确保来自不同背景的学生平等地参与国际交流，促进校园文化的多样性和包容性，培养具有全球视野和跨文化交流能力的人才。

（九）展示成功案例

展示以往参与国际交流学生的成功案例和经验，能够有效激发其他学生对国际交流项目的兴趣。这些成功案例和经验能够激励其他学生积极参与国际交流，拓宽他们的视野，提升他们的全球竞争力。制作宣传材料，如海报、宣传册、视频等。组织分享会，邀请以往参与国际交流的学生分享他们的经历、收获和成长。利用社交媒体、学校网站等网络平台，发布成功案例和经验分享，让更多的学生了解国际交流的价值。在学校公共区域设置展示板，展示参与国际交流学生的照片、心得体会和成就。邀请参与国际交流的校友进行访谈，分享他们的国际交流经历对个人成长和职业发展的影响。将成功案例和经验编写成案例研究，供其他学生参考和学习。

（十）提供实践机会

在国际交流项目中包含实践活动，如实习、志愿服务或社区参与，可以让学生更深入地体验和学习。这些实践活动不仅能够帮助学生将所学知识应用于实际情境中，还能够培养他们的实践能力、团队合作能力和跨文化沟通能力。提供与专业相关的实习机会，让学生在真实的工作环境中学习，了解行业实践，建立职业网络。组织学生参与志愿服务项目，如环保、扶贫、文化交流等，培养学生的社会责任感和公民意识。鼓励学生参与社区活动，如文化活动、体育赛事、公益活动等，增进对当地社区的了解和贡献。在国际交流项目中设置实践课程，如实验、实训、实地考察等，将理论知识与实践相结合。鼓励学生参与跨学科项目，如科技竞赛、艺术展览、社会调查等，培养学生的综合能力。与企业建立合作关系，提供学生与企业合作的项目，让学生在实践中学习商业知识和技能。鼓励学生参与国际竞赛，如学术竞赛、创新创业大赛等，提升学生的国际竞争力。学生可以更深入地体验和学习，将所学知识应用于实际情境中，培养实践能力和跨文化沟通能力。

通过这些策略，学校和教育机构可以有效地提高学生参与国际交流的积极性，帮助他们成长为具有全球视野的公民。

第四节 "人类命运共同体"理念在国际教育合作中的应用

"人类命运共同体"理念是一个全球性的理念，强调人类共同的利益、命运和责任。也就是说，尽管国家之间存在着差异和分歧，但我们都生活在同一个地球上，面临着共同的挑战和机遇。因此，各国应该超越地域、民族、宗教、文化的界限，携手合作，共同应对全球性问题，如气候变化、贫富差距、恐怖主义、疾病流行等。这一理念主张国家之间应该相互尊重，尊重各自的社会制度、发展道路和文化传统。推动国际关系民主化，尊重国际法和国际关系基本准则，维护国际公平正义。倡导各国之间的合作，实现共同发展和繁荣，而不是零和博弈。强调共同安全观，反对使用武力或武力威胁解决国际争端，维护世界和平稳定。推动可持续发展，实现经济增长、社会进步和环境保护的协调。

人类命运共同体理念为教育国际化提供了理念基础，强调通过教育国际交流与合作，促进中外人文交流与合作，构建人文共同体，倡导"和平、发展、公平、正义、民主、自由"的全人类共同体价值。人类命运共同体理念鼓励中国积极参与全球教育治理，融入国际教育体系，提升中国教育的国际话语权。这包括参与国际教育规则和标准的制定，加强与其他国家的教育务实合作等。中国教育对外开放作为对外开放的重要组成部分，旨在促进全球教育治理体系变革，践行构建人类命运共同体理念。这涉及提高基础教育对外开放水平，加强教师队伍的国际化建设，以及开展高水平国际交流合作。

"人类命运共同体"理念在国际教育合作中的体现

"人类命运共同体"理念在国际教育合作中的应用，不仅是全球化时代新型国际关系构建的指导思想，同时也为全球教育治理的理论与实践创新赋予了新的生命力。通过教育国际化，可以增进各国人民之间的相互理解和尊重，促进文化交流与互鉴，从而为实现全球范围内的和平与发展作出贡献。

首先，人类命运共同体理念强调尊重和包容不同文化背景、种族、宗教信仰的人们之间的交流与合作。这为国际教育合作提供了重要的指导原则，特别是在促进民心相通和理解方面。例如，通过开展国际理解教育，可以培养具有全球意识、跨文化交际能力的人才，这符合全球教育治理的核心要求。其次，人类命运共同体理念鼓励各国在教育领域进行深入的合作研究，共同探讨和解决全球性问题，如气候变化、公共卫生、贫富差距等。通过合作研究和项目，学生和学者可以共同探讨这些问题，并寻找解决方案，这对于全球问题的解决具有重要意义。此外，人类命运共同体理念还强调在教育国际化中推动文化交流和人文交流。例如，通过举办文化展览、节日庆祝、艺术表演等活动，学生和教师可以分享和体验不同的文化，增进相互理解。这有助于构建多层次、全覆盖的人文交流格局，促进各国人民之间的相互了解和团结；有助于提升教育质量和效率，并能促进全球合作与理解，共同应对全球挑战，推动构建一个更加和谐、公平的世界。

"人类命运共同体"理念在国际关系中得到广泛认同和支持，它体现了全球化时代国际社会的共同愿望和需求，为解决全球性问题提供了一个重要的视角和思路。通过这一理念，我们可以更好地理解和应对全球挑战，推动构建一个更加和谐、公平、可持续的世界。"人类命运共同体"理念强调各国之间要相互依存和合作，以及共同应对全球挑战的责任。在国际教育合作中，这一理念的应用体现在以下三个方面。

（一）促进教育公平

通过国际教育合作，致力于为不同国家和地区的学生创造平等的教育机会，以此减少教育资源分配方面的差距，有力推动教育公平的实现。借助国家间的合作，积极促进教育资源共享及优化配置，让教育资源匮乏的国家和地区能够获取更多所需的教育支持。

向发展中国家提供多方面的教育援助，涵盖资金、教学设备、教材供应以及师资培训等内容，从而有效缩小全球的教育差距。大力推动教育资源共享及教学方法的交流互动，使发展中国家能够充分借鉴发达国家在教育方面的宝贵经验和专业知识。

充分利用信息技术手段，例如，远程教育和在线学习平台等，为地处偏远地区且资源有限的学生提供高品质的教育资源。设立各类奖学金和交流项目，为来自不同国家尤其是经济不发达地区的优秀学生提供学习与研究的契机。

积极支持并深度参与多边教育项目和倡议，像联合国教科文组织开展的诸多活动，齐心协力提升全球教育的整体水平。

联合国教科文组织自1945年成立以来，始终以提升全球教育水平为重要目标，秉持让教育成为每个人的基本权利，以及全球公益的愿景，坚信教育拥有改变个人生活、社区乃至整个地球的巨大力量。随着时代发展，其教育计划不断与时俱进，以应对诸如全球变暖、地区冲突、持续危机，以及数字革命加速等新的全球挑战。联合国教科文组织在联合国大会上发布了"教育的未来"全球倡议，着重强调教育在日益复杂、不确定且不稳定的世界中对塑造人类未来的关键作用，以及它如何助力实现人类的共同利益。

中国高度重视与联合国教科文组织的合作，在教育、科学、文化、信息传播等领域的改革发展取得了新进展。中国积极投身全球人文治理，大力推动构建人类命运共同体，以及文明交流互鉴等重要思想理念在联合国教科文组织平台上获得日益广泛的认同。正如中国教育部部长怀进鹏在联合国教科文组织网站发表的博客文章所强调的，教育对外开放意义重大，深化与联合国教科文组织等国际组织的合作势在必行。中国始终致力于加快推进教育现代化进程，增进各国人民之间的相互理解与团结，为促进世界和平贡献力量。

联合国教科文组织简介显示，该组织通过在教育、科学、文化、传播和信息等领域开展广泛的国际合作，全力促进世界和平与安全。其诸多方案对于实现联合国大会在 2015 年通过的《教育 2030 年议程》中所定义的可持续发展目标起到了重要作用。特别是通过其一系列教育项目和倡议，持续为提升全球教育水平而努力，而中国作为其中的重要成员，积极参与并给予有力支持。

（二）跨文化理解与尊重

在国际教育项目中强调跨文化学习，鼓励学生和教师理解和尊重不同的文化背景，促进文化的多样性和包容性。在课程设计和教学内容中融入多元文化元素，让学生了解和尊重不同的文化、价值观和习俗。组织学生参加国际交流项目，如短期留学、交换生项目等，让他们亲身体验不同文化，增进对其他文化的理解和尊重。教授学生跨文化沟通的技巧，包括语言能力、非语言沟通、文化敏感性和冲突解决策略。建设多元文化的教师队伍，让学生在学校环境中接触到来自不同文化背景的教师，从而促进文化交流和理解。举办文化交流活动，如文化展览、节日庆祝、艺术表演等，让学生和教师有机会分享和体验不同的文化。

例如，中华人民共和国教育部和湖北省人民政府共同主办了全国第七届大学生艺术展演活动。该活动旨在通过艺术表演、学生艺术实践工作坊、艺术作品展览等形式，展示当代大学生的精神风貌和审美追求，同时弘扬中华优秀传统文化、革命文化和社会主义先进文化。西安交通大学也举办了一场名为"奋进新征程·同心向未来——一站式社区中华传统文化交流展演"活动。该活动包括文化展览、民俗风情体验、文艺体育竞技汇演等环节，旨在加深师生对中华传统文化的了解和体验。

此外，中国石油大学（华东）举办了第三十九届大学生文化艺术节。该文化艺术节分为四个篇章："语""乐""礼"和"雅"，涵盖主持人大赛、相声、话剧、音乐、舞蹈等多种艺术形式，旨在提高学生的审美和人文素养，同时弘扬中华传统优秀文化。这些活动不仅丰富了学生和教师的文化生活，还增进了对不同文化的理解和尊重，促进了文化交流与互鉴。

（三）共同解决全球问题

通过合作研究和项目，鼓励学生和学者共同探讨和解决全球性问题，如气候变化、公共卫生、贫富差距等。

云南大学的研究团队与国内外学者合作，研究了东亚夏季风过渡带的气候变化，特别是蒙古高原的显著升温现象。这项研究揭示了全球变暖背景下内部气候变率对区域气候突变的协同作用，为深入探究全球变暖背景下东亚夏季风过渡带气候变化的机制和应对气候变化提供了科学支撑。

清华大学的研究团队与国内外合作者一起，研究了气候变化背景下全球极端热浪事件的经济损失。该研究通过构建"气候—健康—经济"子系统之间的连接，在网格尺度对气候变化下全球热浪健康风险及经济损失进行了精准评估。这项研究有助于为我国及全球开展积极的气候适应和风险防控提供决策参考。

复旦大学通过多学科的融合创新以及与德国、法国和美国等国的国际合作，形成气候变化—大气环境—健康影响关联图谱等创新成果。这个项目将充分利用数据集、综合模型，及极端环境舱，开展极端大气及环境状态下对健康指标及表型影响的研究。

以上这些案例展示了中国在鼓励学生和学者共同探讨和解决全球性问题方面所做的努力，特别是在气候变化、公共卫生和贫富差距等领域。通过这些合作研究和项目，中国不仅在贡献自己的学术研究成果，也在积极参与全球性的挑战和解决方案的探讨。

鼓励国家间在教育领域的合作与对话，共同制定和实施国际教育政策，以促进全球教育的发展和公平。通过国际文化交流项目，增进不同文化背景人们之间的相互理解和尊重，减少误解和冲突，为共同解决全球问题创造良好的人文环境。在教育中强调全球公民身份的培养，教育学生成为具有国际视野、跨文化能力和全球责任感的人才。培养具有全球视野和跨文化沟通能力的人才，为全球治理提供人才支持，共同应对全球性挑战。在国际教育中融入可持续发展理念，培养学生的社会责任感和可持续发展意识，为构建一个更加公平、可持续的世界贡献力量。

第五章　国际教育合作典型模式与案例分析

第一节　政府间教育合作项目的模式与案例分析

政府间教育合作项目在国际教育合作中扮演着至关重要的角色。这些项目不仅推动了教育国际化发展，还促进了文化交流与理解，共同探讨和解决全球性问题，提升了教育质量，并为经济发展提供了人才支持。

①政府间教育合作项目通过促进国际间的教育交流，加深了不同国家和地区之间的了解与友谊。这些项目使学生和教师有机会跨越国界，亲身体验和了解其他国家的教育体系和文化背景，从而增进国际间的相互理解和尊重。

②政府间教育合作项目为全球性问题提供了共同探讨和解决的平台。通过国际合作，各国教育机构能够共同研究和解决全球性教育问题，如教育不平等、教育资源分配不均等。这种合作有助于推动全球教育发展，促进教育公平和质量提升。政府间教育合作项目提升了教育质量。通过引进国际先进的教育理念、教学方法和课程设置，这些项目为各国教育机构提供了学习和借鉴机会，从而提升了教育质量。

③政府间教育合作项目为经济发展提供了人才支持。通过培养具有国际视野和创新能力的高素质人才，这些项目为经济发展提供了人才支持。这些人才能够在国际环境中有效工作和交流，为全球经济发展作出贡献。

一、政府间教育合作项目的意义

政府间教育合作项目在国际教育合作中具有重要意义。通过这些项目，各国能够共同应对全球性挑战，推动教育发展和进步。

（一）推动教育国际化发展

政府间教育合作项目促进了不同国家和地区在教育领域的交流与合作，这不仅有助于资源共享、经验交流，还有助于培养具有国际视野的人才。例如，中国与东盟国家通过政府间教育合作项目，如中国—东盟教育交流周，既推动了教育合作，又拓展到科技、文化、卫生、旅游、体育等多个领域，促进了中国与东盟国家之间的文化交流与合作。

（二）促进文化交流与理解

政府间教育合作项目通过学生和教师的交流、课程合作等方式，促进不同文化之间的理解和尊重。例如，欧盟的 Erasmus+ 计划通过学生和教师的国际流动、教育机构间的国际合作等方式，提升了参与国家的教育质量，同时也促进了文化多样性的交流。欧盟的 Erasmus+ 计划是一个旨在通过学生和教师的国际流动、教育机构间的国际合作等方式，提升参与国家教育质量的重要项目。该计划覆盖欧洲各国的教育、培训和青年体育领域，致力于促进教育领域的创新和改革。通过 Erasmus+ 计划，参与国家的学生和教师有机会到其他国家的教育机构进行学习和交流，这不仅丰富了他们的学术经历，也增强了他们的国际视野和跨文化沟通能力。这个项目还促进了欧洲各国的教育发展，并为全球教育领域的合作和发展提供了有益的经验和启示。

（三）解决全球性问题

政府间教育合作项目可以共同探讨和解决全球性问题，如气候变化、公共卫生等。例如，中国与其他国家在教育领域的合作中，积极参与了相关全球性议题的研究和讨论。中国与多国高校和研究机构共同开展科研项目，如在气候变化、环境科学、可持续发展等领域的研究。这些项目通常涉及跨学科的研究方法，旨在通过国际合作，共同探索解决全球性问题的有效途径。中国积极参与国际教育领域的会议和论坛，如联合国教科文组织举办的教育论坛、国际教育会议等。在这些活动中，中国与各国代表共同讨论教育领域的全球性议题，分享经验，探讨合作机会。

（四）促进经济发展

教育是社会主义现代化建设的基础性、战略性支撑。政府间教育合作项目有助于提升教育质量，并能为国家的经济发展提供人才支持。首先，中国通过与共建国家的教育合作，提升了教育水平。通过开展学生交流、教师培训、课程合作等教育项目，中国与共建国家共享优质教育资源，促进教育理念和方法的交流与互鉴。这有助于提升共建国家的教育质量和水平，培养更多高素质的人才，为共建国家的经济社会发展提供人才支持。其次，教育合作有助于为共建"一带一路"提供坚实的人才和创新支撑。通过与共建国家的教育合作，中国可以培养更多了解共建国家文化和语言、熟悉当地市场和法律法规的人才。这些人才在参与共建"一带一路"时，能够更好地发挥桥梁和纽带作用，促进项目实施和合作发展。同时，教育合作也有助于推动创新和技术转移，促进共建国家在科技创新、产业发展等方面的合作，为共建"一带一路"提供创新动力。此外，教育合作还有助于增进共建国家之间的相互理解和信任。通过学生交流、教师培训等活动，中国与共建国家的人民可以更加深入地了解彼此的文化、历史和社会制度，增进相互理解和尊重，为共建"一带一路"倡议提供良好的社会基础。这一合作模式有助于推动共建国家的教育发展，培养更多高素质的人才，促进创新和技术转移，增进相互理解和信任，为共建"一带一路"促进经济发展提供有力支持。

二、政府间教育合作项目模式

政府间教育合作项目涉及多种模式和案例，这些项目通常能够促进教育资源优化配置、提升教育质量，并加强不同国家间的文化交流与理解。这些项目包括双边和多边合作项目，涉及政府、教育机构、企业和其他社会组织的合作。

在资源配置方面，政府间教育合作项目通过跨国界的合作，实现教育资源的优化配置。例如，通过联合培养项目，不同国家的教育机构可以共享优质教育资源，实现优势互补，提高教育质量。在提升教育质量方面，这些项目通常采用国际化的教学模式和课程设置，使学生能够同时获得中外两所高校的学位。此外，政府间教育合作项目还注重学生的实践能力和创新能力的培养，通过国际实习、科研项目等实践活动，提升学生的综合素质。

在文化交流与理解方面，政府间教育合作项目鼓励学生和教师之间的国际交流，促进不同文化背景下的教育机构和学生之间的交流与理解。例如，通过学生交流项目，学生可以到国外高校学习和生活，了解当地的文化和社会环境，增强跨文化沟通能力。政府间教育合作项目也鼓励教师之间的国际交流，通过教师培训、研讨会等活动，分享教学经验和方法，促进国际间的学术交流和合作。

政府间教育合作项目为全球教育发展作出了积极贡献。这些项目提升了教育水平，也为不同国家间的合作与交流提供了平台，有助于推动全球教育的发展和进步。下面是一些具体的案例和模式。

（一）地方政府与高校的合作

这种模式通常涉及地方政府与知名高校之间的战略合作协议。这些合作通常基于各自的优势，地方政府利用高校的教育、教学与科研资源来发展经济，而高校则将地方作为科技成果落地转化和应用示范的平台。地方政府与高校的合作在中国的发展已经取得显著成效，这种合作模式通过优势互补，实现了资源共享和共同发展。以"双一流"高校和省级政府为研究对象，分析出省校合作的核心特征和网络特征。这些协议通常包括人才培养、科研转化、战略咨询和高校建设等方面，而且多数情况下，高校与政府的签约地在省级政府所在地。以下是一些具体的案例：

1. 重庆市政府与五所高校合作

重庆市政府与南京大学、中国农业大学、华中师范大学、西南交通大学等签署了战略合作协议。这些合作涉及多个方面，如决策咨询、评估和论证服务，以及围绕西部大开发、成渝地区双城经济圈建设和乡村振兴战略实施等开展理论和应用研究、政策咨询与规划等。

2. 西安交通大学与陕西省地方城市合作

西安交通大学通过校地合作，以科技创新和人才优势补齐地方创新能量不足的短板。学校与陕西 11 个市（区）联合开展科技创新人才引进工作，与咸阳市签订人才合作与交流备忘录及创新创业大赛、研究生社会实践基地、组建西部智能电气综合性创新联合体等合作协议；与榆林市签订战略合作协议，将学校在科技、人才、教学、医疗等方面的优势与地方经济社会发展优势充分结合。

3. 北京大学与多个省份合作

北京大学与全国 19 个省（自治区、直辖市）签署了战略合作协议，通过发挥北京大学的综合学科优势、人才智力优势，结合地方区位、文化、产业资源，在科技、教育、医疗、人才等领域深化全面合作，促进国家和区域经济社会发展。

这些案例表明，地方政府与高校的合作不仅促进了教育资源的优化配置，还加强了地方经济发展和创新能力的提升。通过这种方式，地方政府能够利用高校的科研和教育资源，而高校也能在地方经济发展中发挥更大的作用。

地方政府和高校之间需要建立一个有效的合作机制，包括定期会晤、共同决策委员会等，以保证合作顺利进行。双方需要明确合作的目标和期望成果，这可能包括人才培养、科学研究、技术转移、社会服务等多个方面。地方政府可以提供资金支持、政策优惠、土地资源等，而高校则提供教育资源、科研能力、人才储备等，实现资源共享。通过具体的合作项目，如共建研究中心、实验室、产学研基地等，实现地方政府与高校之间的实质性合作。地方政府与高校可以共同开展人才培养项目，如联合培养研究生、本科生实习实训等，促进人才交流和知识传播。地方政府可以通过制定相关政策，为高校提供税收优惠、土地使用优惠、资金支持等，鼓励高校参与地方经济建设和社会发展。地方政府与高校可以共同开展社会服务项目，如提供技术咨询、参与城市规划、解决地方性问题等，从而实现社会效益和经济效益的双赢。合作过程中需要定期评估合作效果，及时调整合作策略和方向，以保证合作的持续性和有效性。通过这些步骤，地方政府与高校可以建立起稳定、有效的合作关系，实现资源共享、优势互补，共同推动地方经济发展和社会进步。

（二）国际援助项目

例如，中国援南苏丹教育技术合作项目，这是一个涉及教育顶层规划、教师培训、教材开发、教材印刷和 ICT 建设的大型项目。这种合作模式通常是为了支持发展中国家的教育发展，改善其基础教育环境。

中法两国在教育领域的合作基于"独立自主、相互理解、高瞻远瞩、互利共赢"的原则。这种合作包括语言教学领域的合作、互派留学生、合作办学机构的发展等。中法两国在工程教育、医学、经济学、艺术学、文学等多个学科领域都有深入的合作。

在国际项目援助中，地方政府与高校的合作模式通常基于资源共享、优势互补的原则，旨在推动地方经济发展、科技创新和文化交流。下面是一些具体的案例和模式。

1. 北京师范大学的"全球发展战略合作伙伴计划"

北京师范大学制定了《全球发展战略规划（2020—2025）》，旨在构建全球教育创新共同体、全球高校责任共同体、全球学术卓越共同体、全球青年发展共同体。该计划鼓励学科树立全球视野，充分利用国际资源，推动学科人才培养和科学研究的国际竞争力和影响力。例如，北京师范大学与牛津大学、哈佛大学等顶尖大学一流学科建立了合作关系，旨在汇聚世界一流资源推动学科发展。

北京师范大学的"全球发展战略合作伙伴计划"是为实现"双一流"建设和落实全球发展战略规划而特别设立的一个项目。该计划旨在通过国际交流与合作，提升北京师范大学在教育、科研等领域的全球影响力。此计划包括三类支持项目：海外一流学科伙伴项目、"一带一路"特色伙伴项目，以及国际组织平台建设项目，每类项目均支持五个。

在实施《全球发展战略规划（2020—2025）》的过程中，北京师范大学致力于推进教育创新、增进国际理解，并培养具有全球视野和中国情怀的人才。例如，通过举办"京师学生全球视野周"和各种国际交流活动，学校为学生提供了拓展国际视野和增强全球竞争力的机会。此外，学校还积极推进与国际组织的合作，如与联合国教科文组织等机构的合作，以促进国际教育和文化交流。

《全球发展战略规划（2020—2025）》的制定历时两年，涉及多个学科领域的专家参与，旨在加快推进学校的国际化进程，并提升其在全球教育领域的影响力。该规划经多方征求意见、不断修订完善后，于2020年6月正式发布实施。北京师范大学的"全球发展战略合作伙伴计划"是其推进国际化战略的重要举措，旨在通过国际合作与交流，提升学校的全球影响力和竞争力，同时培养具有国际视野和中国情怀的人才。

2. 中新（重庆）战略性互联互通示范项目

中新（重庆）战略性互联互通示范项目是共建"一带一路"倡议下中国与新加坡的第三个政府间合作项目。该项目探索了国际合作新模式，以高标准、可持续、惠民生为目标，不断拓展合作新领域。例如，陆海新通道是该项目的成果之一，其以重庆为运营中心，合作范围覆盖西部地区，利用铁路、海运、公路等运输方式，向南经广西、云南等沿海沿边口岸通达东盟国家，进而通达世界各地。中新（重庆）战略性互联互通示范项目旨在提升中国西部地区的互联互通水平，辐射带动区域发展。该项目于2015年11月正式启动，在金融服务、航空产业、交通物流和信息通信等领域取得了显著成果。到2022年9月，项目累计落地政府和商业合作项目218个，总金额达252.6亿美元，金融服务项目235个，金额290.4亿美元。

该项目的主要特点包括：落地范围广，不限定四至边界，可选择重庆及西部其他省区落地；合作领域宽，除四大重点领域外，还涉及教育、医疗、旅游等其他领域；创新力度大，国家支持在项目框架下开展创新举措先行先试。中新两国政府建立了三级合作机制，包括联合协调理事会、联合工作委员会和联合实施委员会，以保障项目的顺利实施。

项目的总体进展情况显示，重庆市政府和新方贸工部共同牵头，重庆市成立了中新（重庆）战略性互联互通示范项目管理委员会，由市政府常务副市长任主任，市政府分管副市长任常务副主任。中新双方分别设立了金融服务、航空产业、交通物流、信息通信 4 个专门委员会，每个专委会设立主任单位和成员单位，分别负责推进四个重点领域合作。

未来，中新（重庆）战略性互联互通示范项目将持续推动合作领域的深化，以及陆海新通道的发展，同时在制度创新、区域交流合作、沟通机制能效方面发力。例如，重庆市政府将中新示范互联互通示范项目与自贸试验区、服务业扩大开放综合试点等开放平台、政策结合起来，释放叠加效应，探索一批创新案例和方法。在区域交流合作上，重庆将借力中新（重庆）战略性互联互通示范项目，加快拓展第三方市场合作，在 RCEP 区域、"一带一路"共建国家打造一批重点合作项目。

这些案例展示了地方政府与高校在国际项目援助中的合作模式，它们通过资源共享、优势互补，共同推动地方经济发展和社会进步。

第二节　校际合作项目的模式与案例分析
（中外合作办学+中外联合培养）

校际合作项目是指不同学校之间为了共同的教育目标、科研任务或其他学术目的而建立的合作关系和实施的项目。这类项目通常包括但不限于以下几种形式：一是学术交流，学校之间互派教师或学生进行学术访问、交流讲学或共同研究。二是联合培养，双方或多方学校共同制订培养计划，学生可在不同学校进行学习，获得多个学校的学位或证书。三是资源共享，合作学校之间共享图书、实验室、教学设施等教育资源。四是科研项目合作，学校之间合作开展科学研究项目，共同申请科研经费，共享研究成果。五是课程开发，多所学校合作开发新课程或教学模块，丰富教学内容，提高教学质量。六是文化活动，组织学生参与不同学校的文化节、艺术表演、体育比赛等，促进文化交流。

一、校际合作项目的积极作用

通过校际合作，各高校可以共享教育资源和优势，实现优势互补，提高整体教育水平。有助于开展跨校、跨学科的科研合作，促进创新思维和前沿技术的发展。学生和教师通过校际交流，增进对不同文化背景的理解和尊重，促进文明交流互鉴。校际合作有助于培养具有国际视野和创新能力的高素质人才，为经济发展提供人才支持。通过校际合作，高校能够共同研究和解决国家重大战略需求，如科技创新、社会管理等。校际合作项目对于推动教育国际化、促进文化交流与理解、共同解决全球性问题、提升教育质量，以及为经济发展提供人才支持具有重要意义。

校际合作项目能够促进学生培养和人才队伍建设方面的交流与合作。高校可以在学生培养、教师交流、课程设置等方面实现资源共享，同时结合各校的学科优势和特色，实现优势互补。合作高校可以围绕共同感兴趣的领域跨校、跨学科开展科研合作，如生命科学等。合作高校可以共同研究和探索符合中国国情的世界一流大学的发展模式，推动高等教育改革。校际合作项目致力于培养创新人才，服务于国家的重大战略需求，如科技创新、社会管理等。这不仅能够促进教育资源的优化配置，还能够提升教育质量和研究水平，为国家和地区的经济社会发展提供有力的支持。

二、校际合作项目的模式

（一）中外合作办学项目

这类项目通常由中国的教育机构与外国的教育机构合作，共同开设课程和学位项目。例如，中国矿业大学与澳大利亚皇家墨尔本理工大学合作举办的建筑环境与能源应用工程专业本科教育项目。这个项目获得了教育部的资格认定，并纳入国家普通高等学校教育招生计划。符合相关招生录取规定和要求的学生通过参加全国普通高等学校统一入学考试来加入此项目。该项目的学制为四年，每年计划招生 90 人，招生起止年份为 2017 年至 2026 年。学生在完成学业后，将获得中国矿业大学颁发的普通高等教育本科毕业证书和学士学位证书。澳大利亚皇家墨尔本理工大学不提供证书。此合作项目旨在结合两校的资源和优势，为学生提供高质量的教育，培养具有国际视野和专业技能的毕业生。通过这种合作，学生可以接触到国际化的教学资源和学术环境，从而提升他们的专业能力和国际竞争力。

（二）联合培养项目

这类项目通常涉及两个或多个教育机构的合作，共同培养特定领域的专业人才。例如，青岛农业大学巴瑟斯未来农业科技学院是由青岛农业大学与英国皇家农业大学联合举办的中外合作办学机构，于 2020 年 4 月 26 日获得教育部批准。该学院采用"4+0"双学籍双学位培养模式，旨在培养具有可持续发展理念、国际化视野、通晓国际规则、具备国际合作交流能力的人才。学院提供农学、农业资源与环境、食品科学与工程和物流管理四个本科专业，每年计划招收 300 人，总规模为 1200 人。

在教学方面，学院整合了两校的优质教育资源，采用小班化教学，并实施英方课程的合作教师机制。学生录取后，第一学年由青岛农业大学和英国皇家农业大学双方注册学籍，享受双方学校学生的同等待遇。学生在进入第二学年之前需要通过英方组织的英语内部测试，达到相当于雅思 6.0 的英语水平，或参加雅思考试达到 6.0 水平，方可进行皇家农业大学的第二学年学籍注册。完成培养方案要求学分、符合毕业要求的学生，将获得青岛农业大学颁发的相应专业本科毕业证书和学士学位证书，以及英国皇家农业大学颁发的英国农业专业荣誉理学学士学位证书等。

青岛农业大学巴瑟斯未来农业科技学院的建设是学校实施国际化办学战略的标志性成果，强化了学生的创新创业能力，突出了绿色、创新、创业、产业化和国际化的特点。

（三）学术交流项目

这类项目侧重于促进学生和教师之间的学术交流，包括短期访学、联合研究等。

在具体的合作伙伴方面，北京师范大学与包括牛津大学、哈佛大学等在内的多所国际知名大学建立了合作关系。例如，北京师范大学国际写作中心与牛津大学摄政公园学院、牛津展望与全球发展研究院联合举办了首届"京师—牛津'完美世界'青年文学之星"评选活动，这展示了两校在文学教育领域的合作。

此外，北京师范大学地理科学学部成功获批北京师范大学"全球发展战略合作伙伴计划"专项，其目的是与"一带一路"共建国家重点高校，以及相关国际组织开展实质性学科交流与合作，拓展已有的国际科研合作平台，建立稳定的全球教学科研合作网络，服务地理学一流学科建设。

（四）产学研用合作项目

这类项目通常涉及高校与企业或政府的合作，将科研成果转化为实际应用，推动产业发展。例如，青岛农业大学与城阳区人民政府合作建立青岛国际农业生命智慧谷。青岛农业大学与城阳区人民政府合作建立的青岛国际农业生命智慧谷是一个重要的合作项目。该项目旨在整合国内外生命科学领域的优质资源，打造一个生命科学科研聚集地、科技成果转化基地，以及生命科学互联网交易平台。这个平台主要有生命科学创新中心、生命科学成果转移转化与创业孵化中心、生命科学产业人才培训中心等功能板块，旨在成为国内领先、国际知名的生命科学全产业链综合型基地平台。

青岛国际农业生命智慧谷自 2018 年 7 月 26 日正式开园以来，已经吸引了多家科技型、创新型企业入驻，包括现代生物育种、绿色生物制品、生态高效农业、智能装备制造等领域。目前，园区内有 32 家在孵企业，70 余名博士及以上学历创业人才，拥有 86 项专利和 10 余项植物新品种权。该园区还获得了"青岛市科普教育基地""城阳区创新创业实践基地"等荣誉称号。

青岛农业大学与城阳区人民政府的合作还扩展到了其他领域。例如，他们共同签署了共建青岛农业大学国际科教创新示范园的战略合作框架协议。这个示范园旨在整合青岛农业大学的国际合作资源，发挥其在人才培养、科技研发、成果孵化、技术转化等方面的优势，推动青岛在产业发展、创新政策等方面的发展。青岛农业大学与城阳区人民政府的合作不仅促进了当地经济发展和创新，还加强了科研和教育的国际合作，为区域发展做出了积极贡献。

（五）远程教育和在线学习项目

这类项目利用信息技术手段，如互联网、在线学习平台等，提供远程教育服务，使学生能够跨越地理界限接受教育。

三、校际合作项目的案例

中外合作办学模式旨在通过资源共享和优势互补，提高教育质量和国际水平。

（一）中国矿业大学建筑环境与能源应用工程专业本科教育项目

中国矿业大学与澳大利亚皇家墨尔本理工大学合作举办的建筑环境与能源应用工程专业本科项目，通过学制设置、培养方案和课程体系制定、师生交流互访机制、师资队伍国际化建设等方面的探索和实践，取得了良好成效。项目是一个典型的中外合作办学项目，于2012年获得中国教育部批准，旨在通过合作，探索和实施一种新的中外合作人才培养模式。该项目涵盖建筑环境与能源应用工程领域的本科教育。中国矿业大学和皇家墨尔本理工大学共同参与项目的管理和教学。项目为学生提供了结合中澳双方教育资源和优势的课程体系，包括共同制定培养方案和课程体系。项目鼓励师生之间的交流互访，包括中国矿业大学的师生访问皇家墨尔本理工大学，以及对方教师来华授课。除了教学合作，双方还在科研领域开展合作，共同推进学术研究和技术创新。为有效管理项目，双方成立了联合项目管理委员会，负责项目的日常管理和决策。这个项目不仅提供了国际化的教育体验，而且通过双方合作，提高了教育质量和国际影响力。这种合作模式为中国其他中外合作办学项目提供了借鉴和参考。

（二）青岛国际农业生命智慧谷

中外合作项目不仅仅包括传统的教学合作，还包括科研合作、产学研用深度融合等。例如，青岛农业大学通过与城阳区人民政府合作建立青岛国际农业生命智慧谷，整合国际资源，创新国际合作。青岛国际农业生命智慧谷是一个集人才培养、科学研究、社会服务、技术孵化、成果转化等功能于一体的国际化办学高地。其通过整合国际资源，创新国际合作，进一步推动智慧农业的发展。青岛国际农业生命智慧谷的启动还推动了城阳区智慧农业发展的"五大示范工程"，这些示范工程包括生物育种及制品应用示范工程、农业机械数字化应用示范工程、生态污染治理应用示范工程、新农业规划应用示范工程和生物技术应用示范工程。这些工程通过技术、渠道整合，实现产、供、销方面的深度合作，从而促进智慧农业发展，并响应城阳区以智慧农业引领乡村振兴的部署要求。青岛国际农业生命智慧谷的建立和运作，提升了青岛农业大学在国际教育合作方面的地位，并且为城阳区乃至整个青岛市在智慧农业领域的发展提供了强有力的支持和推动。通过这样的合作模式，学校能够更好地服务于地方经济社会的发展，同时也为国际交流和合作提供了新的平台和机会。

（三）青岛农业大学巴瑟斯未来农业科技学院

青岛农业大学通过与英国皇家农业大学合作举办的中外合作办学机构"青岛农业大学巴瑟斯未来农业科技学院"，是一个典型的校际合作项目案例。学生可以在青岛农业大学完成四年的本科学习，同时获得青岛农业大学和英国皇家农业大学颁发的双学士学位。学院结合了英国皇家农业大学的"创业、创新、面向未来"的办学理念和青岛农业大学的"勤奋求实，自强不息、追求卓越"的特色，强调"绿色、创新、创业、产业化和国际化"。学院引进英国皇家农业大学先进的教学理念和人才培养模式，以及优质课程资源，实施小班化教学和精英化教育。学院设有产业与创业委员会，采用中、英学业导师和企业家实践导师相结合的三导师指导模式，全过程培养学生的社会适应能力。毕业生不仅具备较强的外语水平，还拥有国际教育背景和多学科交叉融合的知识结构体系，具有较强的就业优势和广阔的就业前景。与出国留学相比，学生可以在国内完成整个学业，节省学费和生活成本。青岛农业大学巴瑟斯未来农业科技学院的成功案例，展示了校际合作项目在推动教育国际化、提高教育质量、培养国际化人才方面的积极作用，同时也为地方经济社会发展做出了贡献。

（四）上海交通大学校际海外学习项目

上海交通大学校际海外学习项目的实施，不仅为学生提供了丰富的国际学习机会，也促进了教育资源的优化配置和校际间的交流合作。学期交换项目是中国海外合作院校互派学生交流学习的项目，通常为期1至2个学期。参加此项目的上海交通大学学生可以到海外合作院校进行学习，免交对方院校的学费。这种交换模式让学生能够接触到不同国家的教育体系和教学方法，增强他们的国际视野和跨文化沟通能力。通过学期交换项目，学生能够在一个全新的环境中学习和生活，体验不同的文化和社会，获得更全面的国际教育体验。

短期交流项目包括海外合作院校开展的暑期/寒假项目，多以课程学习和文化参访为主。这些项目通常时间较短，但内容丰富，学生可以参加海外院校开设的短期课程，学习专业知识，也可以参加文化参访活动，了解当地的文化和社会。短期交流项目为学生提供了快速体验国际教育和文化的机会，有助于拓宽学生的国际视野，增强他们的跨文化沟通能力。

通过这些校际海外学习项目，上海交通大学提升了自身的国际影响力，也为全球教育的发展和进步做出了积极贡献。这些项目促进了教育资源的优化配置，也推动了教育理念和方法的创新，为全球的教育发展提供了有益的经验和启示。

（五）西湖大学与东南大学的校际合作框架协议

西湖大学与东南大学的校际合作框架协议是一个典型的校际合作案例，它体现了当前校际合作项目的发展趋势和特点。首先，这个合作框架协议的签订标志着两所大学建立了长期的合作伙伴关系。这种合作关系旨在通过资源共享、优势互补，推动学生培养和人才队伍建设方面的交流与合作。通过合作，两所大学可以共同培养拔尖创新人才，为国家的重大战略需求提供人才支持。其次，这个协议涉及围绕生命科学等共同感兴趣的领域开展跨校、跨学科科研合作。这意味着两所大学可以在科研领域实现资源共享、优势互补，共同开展高水平的科学研究，推动科技创新和应用。这种跨校、跨学科的合作模式有助于提高科研效率和质量，促进科技创新和应用。

此外，这个合作框架协议还强调了校际间的文化交流与理解。通过学生交流、教师培训等活动，两所大学可以促进不同文化背景下的教育机构和学生之间的交流与理解，增进相互理解和尊重，为教育合作提供良好的社会基础。西湖大学与东南大学的校际合作框架协议体现了当前校际合作项目的发展趋势和特点。这种合作模式有助于推动教育资源的优化配置，提升教育质量，加强不同国家间的文化交流与理解。

（六）英国埃塞克斯大学与西北大学的校际合作项目

英国埃塞克斯大学与西北大学的校际合作项目是一个旨在提升学生全球竞争力的项目，其通过与境外高水平大学的合作，为学生提供了丰富的学习与研究机会。这个项目包括多种合作模式，例如"1+1+1"项目、"3+1"（直硕）项目等，旨在满足不同学生的需求和职业规划。

"1+1+1"项目是一种双学位项目，学生首先在西北大学完成一年或两年的本科学习，然后前往埃塞克斯大学完成剩余的本科学习和硕士学习。这种模式允许学生同时获得两所大学的学位，提高了他们的国际竞争力。

"3+1"（直硕）项目是针对已完成三年本科学习的学生，他们可以在埃塞克斯大学完成一年的硕士学习。这种模式为学生提供了一个直接进入硕士阶段学习的机会，使他们能够更快地提升自己的学术水平和专业能力。

这些合作模式不仅涉及线上线下课程学习，还包括科学研究。学生可以参与到埃塞克斯大学的科研项目中，与英国学者合作，提升自己的研究能力和国际视野。通过这些校际合作项目，学生能够获得国际化的学习经历，还能够提升自己的全球竞争力。这些项目有助于学生更好地适应全球化的工作环境，为他们的未来发展奠定坚实的基础。同时，这些合作项目也有助于推动两所大学之间的学术交流和科研合作，促进双方在教育领域的共同发展。

这些案例展示了校际合作项目在促进教育国际化、提高教育质量、培养国际化人才等方面的积极作用。通过这些合作，高校能够更好地利用国际资源，提高自身的国际影响力和知名度，同时也为地方经济社会发展作出积极贡献。

第三节　跨国教育集团的运营模式与案例分析

跨国教育集团的运营模式通常涉及全球范围内的教育服务提供和教育市场的参与。这些模式可能包括以下几种。

一、并购与扩张

跨国教育集团通过并购其他教育机构或学校，快速扩大其在全球范围内的业务范围，这是一种在全球范围内扩大业务和影响力的策略。这种模式有助于企业实现产业优势、海外市场优势及财务协同效应。以下是并购过程中可能涉及的一些关键步骤和注意事项。

（一）目标选择与评估

1. 战略契合

在选择与集团教育理念和市场定位相契合的目标机构时，教育机构应首先识别不同的客户群体，并选择其中一个或几个作为目标市场。这涉及运用适当的市场营销组合，集中力量为目标市场服务，满足目标市场的需求。教育机构需要对教育市场进行深入了解，包括其特征、市场竞争压力、客户购买能力和因素等，以确定最适应的目标市场。同时，教育机构不应盲目跟风追逐热门市场，而应根据自身实际，选择最适应的目标市场。

2. 财务评估

对目标机构的财务状况进行详细评估，包括收入、利润、资产负债表等。在评估时，还需要考虑财务报表的编制是否遵循会计准则和法规的要求，确保财务报表的准确性和可靠性。可以运用结构分析法、趋势分析法和比较分析法等方法，从不同角度评估企业的财务状况。

3. 运营审查

审查目标机构的运营流程、教学质量、师资力量和校园设施。检查教育培训机构所提供的课程是否与国家教育政策和相关教学大纲相一致，包括学科基础知识、技能培养、学习方法和综合素养的培养等内容。评估师资队伍是否具备专业知识和教学能力，能否根据学生的需求和特点进行有效的教学设计和实施。检查教育培训机构是否配备完善的教学设备和教学资源，以保证学生能够获得充分的学习资源和良好的学习环境。了解教育培训机构是否定期开展业务培训和学习交流活动，以不断提升教师的专业水平和教学能力。检查教育培训机构是否建立健全的教学质量评估体系，定期对教师进行教学评价和课程质量评估，以促进教师的专业成长和提高教学效果。

（二）法律和监管遵从

1. 合规性检查

确保并购符合当地的法律法规和教育政策，需要采取一系列的措施和步骤。熟悉并理解相关法律法规是基础。这包括对并购交易的专门法律，以及与此相关的法律知识进行深入了解。在并购过程中，常见的法律风险包括财务隐蔽、合同管理、诉讼仲裁、客户关系、人力资源、交易保密、资产价值、法律变动、商业信誉等。为了防范这些风险，可以通过交易双方的陈述与保证、交割承诺、设定先决条件及约定赔偿责任等方式。

2. 许可和认证

了解并购后是否需要重新获取办学许可或认证。民办学校在获得办学许可证后，如果其办学许可证内容发生变更，例如，学校名称、地址、负责人或办学类型的变更，发证机关需要在副本中注明变更情况，并加盖"发证机关变更专用章"，同时换发办学许可证正本。

（三）文化适应

1. 文化融合

考虑如何将集团的文化和价值观与目标机构的文化相融合。

2. 本地化策略

制定本地化策略，以适应目标市场的文化和教育需求。深入研究目标市场的文化特点，包括语言、传统、价值观、习俗等。了解当地的教育体系、学习习惯和偏好。调查目标市场的具体教育需求，包括学习者的年龄、教育水平、职业需求等。与当地的学校、教育机构、政府部门和非政府组织建立合作关系，共同开发符合当地需求的教育产品和服务。

（四）交易结构

1. 融资安排

确定并购的融资方式和资金来源。

2. 估值协商

与目标机构就估值和交易条款进行协商。

（五）整合计划

1. 管理整合

规划并购后的管理结构，包括人事安排和决策流程。

2. 系统整合

整合 IT 系统、财务报表和教育资源。

3. 品牌和市场营销

制定品牌整合和市场推广策略。

（六）人力资源

1.员工保留

制定策略以保留关键员工和管理人员。

2.培训和发展

为员工提供必要的培训和职业发展机会。

（七）风险管理

1.风险评估

识别并购过程中的潜在风险，并制定应对策略。

2.退出策略

为可能出现的并购失败制定退出策略。

（八）持续监督和评估

1.绩效监控

并购后持续监控财务和运营绩效。

2.战略调整

根据市场变化和教育发展趋势，适时调整并购后的战略和运营计划。

并购其他教育机构或学校可以让跨国教育集团快速扩大规模，但也需要面对整合挑战、文化差异、法律法规遵从等问题。成功的并购需要周密的计划、有效的沟通和良好的项目管理。通过并购，教育集团可以实现资源共享、优势互补，为学生提供更高质量的教育服务。

这种模式通常具有以下三个优势。

（1）产业优势

通过并购，教育集团可以迅速扩大其教育产品和服务范围，提供更多样化的教育选择，从而吸引更广泛的客户群体。海外市场优势，并购可以帮助教育集团快速进入新的海外市场，利用当地教育机构或学校的品牌影响力和市场占有率，减少进入市场的障碍和时间成本。

（2）财务协同效应

并购可以带来规模经济。通过整合资源和共享服务，降低运营成本，提高整体财务效率。教育集团可以通过并购实现教育资源共享，包括教师资源、课程内容、教学方法和管理经验等，从而提升教育质量和教学效果。

（3）品牌和声誉的提升

并购知名的教育机构或学校可以提升教育集团的品牌和声誉，增强其在全球教育市场中的竞争力。

然而，这种并购模式也面临一些挑战和风险，例如，文化整合的困难、管理层面的复杂性、法律法规的遵守，以及教育质量和教学标准的保持等。因此，教育集团在进行并购时需要充分考虑这些因素，制定合理的并购策略和后续的整合计划，以确保并购成功和长期稳定发展。

二、海外办学

跨国教育集团在海外设立学校或教育机构，提供符合当地教育需求和国际教育标准的教育服务。这通常涉及与当地政府、教育机构的合作。

在进入一个新的国家或地区之前，跨国教育集团需要进行详细的市场调研，了解当地的教育需求、文化背景、法律法规、教育政策，以及竞争对手的情况。与当地政府、教育机构和其他利益相关者建立合作关系是至关重要的。这通常涉及协商获得必要的许可和批准，以及确保遵守当地的教育法规和标准。跨国教育集团需要开发符合当地需求和国际教育标准的课程和教学计划。这可能包括将国际课程与当地文化和社会背景相结合，以及确保教学质量符合国际认证标准。招聘合格的教师和管理人员是提供高质量教育服务的关键。跨国教育集团可能需要提供专业发展和培训机会，以确保教师熟悉集团的教学方法和标准。建立现代化的校园设施和提供充足的教育资源是吸引学生和家长的必要条件。这包括图书馆、实验室、体育设施和信息技术资源等。为了在当地社区中获得成功和认可，跨国教育集团需要尊重并融入当地的文化和价值观。这可能涉及调整教学方法、学校活动和社会服务项目，以反映当地的文化特色。建立强大的品牌和有效的市场推广策略对于吸引学生和建立良好的声誉至关重要。跨国教育集团需要通过多种渠道宣传其教育理念和优势，以吸引目标学生群体。为了保持教育服务质量，跨国教育集团需要建立持续的质量监控和评估机制，确保教学和运营符合既定的标准和要求。

跨国教育集团在海外办学面临着多方面的挑战，这些挑战包括以下八点。

（一）文化差异

1. 适应性

不同国家和地区的文化、教育理念和学习习惯可能存在显著差异，教育集团需要调整其教育模式以适应当地文化。例如，他们可能需要修改课程内容，可以包含更多与当地文化相关的案例和示例；或者调整教学方法，以更好地满足当地学生的学习习惯和偏好。教育集团需要关注当地的教育政策和法规，以确保其教育模式符合当地的法律要求。在某些情况下，他们可能还需要与当地的学校、教育机构、政府部门和非政府组织建立合作关系，以更好地融入当地的教育体系。

2. 语言障碍

语言可能是教学和沟通的一个障碍，特别是在非英语国家，需要考虑语言支持和翻译服务。首先，他们可能需要提供当地语言的教材和教学资源，以便学生能够更好地理解和掌握教学内容。其次，他们可能需要提供专业的翻译服务，以确保教学内容、教学资料和教学活动能够准确地传达给当地学生。最后，教育集团还需要关注语言教学本身。在非英语国家，英语往往是一门重要的外语课程。因此，教育集团可能需要提供专业的英语教学服务，帮助学生提高英语水平，以便他们能够更好地参与国际交流和合作。

（二）法律和政策

1. 法规遵守

必须遵守当地的教育法规，包括办学许可、教师资格、课程认证等。办学许可是教育机构在特定地区开展教育活动的法律基础。教育机构需要向当地教育主管部门申请办学许可，提供必要的资质证明和办学计划，确保其教育服务得到官方认可，并符合当地的教育发展方向和需求。教师资格是保证教育质量的重要因素。教育机构需要确保其教师具备当地教育法规所规定的教师资格，包括教育背景、教学能力、专业培训和认证等。教育机构应定期对教师进行评估和培训，以提升教学质量和专业水平。课程认证是教育机构提供高质量教育服务的重要保障。教育机构需要根据当地的教育法规，对其课程进行认证，确保课程内容、教学大纲和评估标准符合当地的教育要求。教育机构还应持续更新和优化课程体系，以适应教育市场的变化和需求。

2. 政策变动

政策的不稳定或突然变动可能会对学校的运营产生重大影响。在财务层面，政策的不稳定可能导致学校的经费来源发生变化。例如，政府资助的减少或取消、税收政策的调整、教育补贴的变动等都可能直接影响学校的收入和预算，进而影响学校的日常运营和长期规划。在招生层面，政策的变动可能会影响学校的招生策略和招生规模。例如，新的考试制度的改革、招生名额的调整、国际教育政策的变动等都可能改变学生和家长的选择，从而影响学校的招生情况和市场竞争力。在教学和课程设置层面，政策的变动可能会要求学校调整教学大纲和课程内容。这可能涉及课程体系的重构、教学方法的更新、师资力量的重新配置等，这些变化需要学校投入大量的人力、物力和时间来应对。

（三）教育质量

1. 标准保持

在保持国际教育标准的同时，还需要满足当地的教育需求和质量要求。教育内容的设计和编排需要充分考虑当地的教育背景和文化特色。这要求教育机构在保持国际视野的同时，对当地的历史、文化、社会发展和经济需求有深刻的认识，以便将国际化的教育资源与当地的实际情况相结合，提供既有国际视野又贴近本土需求的教育内容。教学方法和技术应用需要适应当地的教育环境和学生的学习习惯。不同地区的学生可能在学习方式、认知风格上有显著差异，因此，教育机构需要灵活调整教学策略，确保教学方法的适切性和有效性，并引入先进的教育技术，提升教学质量。教育质量的评价体系需要兼顾国际标准和当地标准。在保持国际教育认证的同时，教育机构应当关注当地教育部门的质量要求，确保教育成果既能得到国际认可，也能满足当地社会和市场需求。

2. 师资培训

海外办学需要投资于教师的培训和职业发展，以确保教学质量的提升。教师队伍建设是关键。教育机构需要在保持教师国际化的同时，培养一批了解当地教育需求、能够灵活运用国际教学理念的教师队伍，这样才能更好地实现国际教育标准与当地教育需求的有机结合。

（四）经济和财务

1. 投资回报

海外办学通常需要巨额投资，教育集团需要确保长期的经济可行性。教育集团需要了解目标市场的教育需求、竞争状况、消费能力等，以确定合理的教育服务定价和招生规模，确保学费收入能够覆盖运营成本，并实现盈利。教育集团需要建立一套完善的财务管理体系，对投资回报、成本控制、资金流动等进行有效监控，确保财务状况的健康和稳定。除了学费收入外，教育集团还可以通过提供咨询服务、开展校企合作、举办短期培训课程等方式，增加额外收入，提高经济效益。

2. 资金流动

汇率波动和国际资金转移的限制可能会对财务状况产生影响。汇率波动会直接影响教育机构的收入和支出。对于在国际上运营的教育机构而言，学费收入、捐赠、投资回报等往往以多种货币形式存在。当汇率波动时，将这些收入转换为机构所在货币的过程中，可能会出现价值的增加减，从而影响机构的实际收入。同样，对外需要支付外币费用的机构，如外籍教师工资、进口教材和设备等，汇率波动也可能导致成本上升，进而压缩利润空间。

（五）管理和运营

1. 本地管理

需要建立有效的本地管理团队，以便更好地应对当地市场的需求和挑战。

2. 供应链管理

在海外办学可能面临供应链管理和后勤支持方面的挑战。教育机构可能需要从多个国家和地区采购教材、教学设备和其他教育资源。这就需要教育机构建立和维护一个复杂且高效的供应链网络，以确保资源的及时供应和合理分配。教育机构还需要应对不同国家的贸易政策、关税壁垒和物流限制等因素，这些都可能增加供应链管理的难度和成本。

（六）竞争和市场

1. 市场调研

准确的市场调研和需求分析对于制定成功的市场进入策略至关重要。

2. 品牌认知

在新的市场建立品牌认知度和信任可能需要时间和努力。

（七）社会和政治因素

1. 社会稳定性

社会和政治不稳定可能会影响学校的正常运营和学生的安全。社会和政治不稳定可能导致学校所在地区的公共秩序和安全环境恶化。例如，抗议活动、暴力冲突、恐怖袭击等事件可能直接威胁到学生和教职员工的人身安全，影响学校的正常教学秩序和校园稳定。

2. 国际关系

国际政治关系的变化可能会影响教育集团在海外的发展。例如，政治关系紧张可能导致教育集团与海外高校、研究机构的合作项目受阻，影响其学术交流和科研合作。政治关系的变化也可能影响到教育集团与国际组织的合作，如世界银行、联合国教科文组织等，这可能会影响到教育集团在海外的资源和项目获取。

（八）技术和基础设施

1. 技术支持

海外办学需要投资于信息技术和基础设施，以支持现代教育的需求。

2. 远程管理

对于跨国教育集团来说，远程管理和监督学校的运营可能是一个挑战。

跨国教育集团在海外办学需要具备高度的灵活性和适应性，并且要有长远的眼光和坚定的承诺，以确保在新的市场中获得成功。通过精心规划、良好的本地合作和持续的质量管理，这些挑战是可以被克服的。

三、课程与教学模式

跨国教育集团开发独特的课程体系或教学模式，并在全球范围内推广，是其在国际教育市场中建立品牌和声誉的重要手段。这些模式通常基于特定的教育理念或方法，旨在提供创新和高质量的教育体验。下面是一些教育理念和教学方法。

（一）项目式学习（Project-Based Learning，PBL）

PBL 是一种以学生为中心的教学方法，通过让学生参与真实或模拟的项目来获得知识和技能。在项目式学习中，学生通常需要在教师的指导下，围绕一个复杂的问题或挑战进行探究，通过团队合作、自主学习和实际操作来解决问题或完成任务。这种学习方法鼓励学生将所学知识应用于实际情境中，从而促进深度学习和发展 21 世纪技能。

1. 项目式学习的特点

①以学生为中心：学生是学习的主体，他们参与项目的选择、规划和执行，教师则扮演引导者和协助者的角色。

②真实性：项目通常与现实世界的问题或情境相关联，使学生能够看到学习

的实际意义和应用。

③跨学科学习：项目往往涉及多个学科领域，鼓励学生将不同学科的知识和技能综合运用。

④团队合作：学生通常需要与他人合作，共同完成项目，这有助于培养沟通、协作和团队管理能力。

⑤自主学习和探究：学生需要自主探索和学习项目相关的知识，这有助于发展批判性思维和解决问题的能力。

⑥反思和评价：项目完成后，学生需要进行反思和评价，这有助于他们了解自己的学习过程和结果，并从中获得经验。

2. 项目式学习的优势

①提高学习动机：通过参与真实的项目，学生能够更直观地感受到学习的意义和价值，从而提高学习动力。

②促进深度学习：项目式学习要求学生深入探究问题，并将知识应用于实际情境中，有助于深化理解和记忆。

③发展 21 世纪技能：如批判性思维、解决问题、沟通协作、创新创造等，这些技能在未来的学习和工作中至关重要。

④增强自我管理能力：在项目式学习中，学生需要自主管理时间和任务，这有助于培养自我管理能力。

3. 项目式学习的挑战

①设计和实施难度：设计和实施高质量的项目需要教师投入大量的时间和精力，而且需要具备相应的专业知识和技能。

②资源需求：项目式学习可能需要额外的资源，如时间、材料、技术支持等。

③评价标准：项目式学习的评价往往更加复杂和主观，需要明确的评价标准和反馈机制。

项目式学习被认为是一种有效的教学方法，尤其适合培养学生在当今快速变化的世界中所需的技能和素质。然而，要想成功实施项目式学习还需要教师、学生和学校管理层的共同努力和支持。

（二）**跨学科教学**（Interdisciplinary Teaching）

跨学科教学强调在不同学科之间建立联系，鼓励学生将不同领域的知识和技能综合运用，以解决复杂问题或进行深入研究。这种方法打破了传统学科之间的界限，促进了知识整合和创新思维的发展。

1. 跨学科教学的特点

①综合性：跨学科教学涉及多个学科领域，鼓励学生从不同角度和领域探索问题。

②问题导向：通常以真实世界的问题或主题为中心，引导学生综合运用不同学科的知识和技能来解决问题。

③团队合作：跨学科教学往往需要学生进行团队合作，共同探讨和研究问题。

④批判性思维：鼓励学生发展批判性思维，对问题进行深入分析和多角度思考。

⑤创新性：跨学科教学有助于激发学生的创新思维，促进创新解决方案的产生。

2. 跨学科教学的优势

①提高学习效果：通过跨学科学习，学生能够更好地理解和记忆知识，因为它们是以有意义的方式相互联系和应用的。

②培养综合能力：跨学科教学有助于学生发展解决复杂问题的能力，培养综合思考和创新能力。

③增强学习动力：通过将学习与现实世界的问题联系起来，可以提高学生的学习兴趣和动力。

④促进师生互动：跨学科教学鼓励教师和学生之间的合作和互动，有助于建立积极的学习环境。

3. 跨学科教学的挑战

①课程设计：设计和实施跨学科课程需要教师具备跨学科的知识和技能，以及充足的时间和资源。

②评价标准：跨学科学习的评价可能更加复杂，需要综合考虑学生在不同学科领域的表现。

③资源共享：跨学科教学可能需要不同学科或部门的资源共享和协调。

跨学科教学在当今教育中日益重要，因为它能够帮助学生更好地应对复杂多变的社会和职业挑战。在跨学科教学中，学生不仅要学习专业知识，还要学会如何将不同领域的知识整合和应用，这是 21 世纪技能的重要组成部分。

（三）混合式学习（Blended Learning）

这是结合了传统的面对面课堂教学和在线学习的教育模式。在这种模式下，学生不仅在学校接受教师的直接指导，还可以通过互联网和其他数字技术进行在线学习和互动。混合式学习充分利用了两种学习方式的优势，既保留了传统课堂的社交互动和即时反馈，又提供了在线学习的灵活性和个性化。

1. 混合式学习的特点

①灵活性：学生可以根据自己的时间和节奏进行在线学习，并且能够参与面对面的课堂活动。

②个性化：在线学习平台可以根据学生的学习进度和能力提供个性化的学习资源和指导。

③互动性：混合式学习不仅包括教师和学生之间的互动，还鼓励学生之间的在线合作和交流。

④技术整合：混合式学习通常需要使用到各种数字技术和工具，如学习管理系统（LMS）、在线课程、视频会议等。

⑤自主学习：学生需要具备一定的自我管理能力，以适应在线学习的要求。

2. 混合式学习的优势

①提高学习效果：混合式学习能够结合不同学习方式的优势，有助于提高学习效果和参与度。

②扩展学习资源：在线学习平台可以提供丰富的学习资源，包括多媒体内容、

互动式课程和即时反馈。

③促进个性化学习：学生可以根据自己的需求和兴趣选择学习内容和进度，实现个性化学习。

④增强师生互动：混合式学习可以增加教师和学生之间的互动机会，提高教学的互动性和效果。

⑤培养 21 世纪技能：通过混合式学习，学生可以发展数字化素养、自我管理能力和在线协作能力。

3. 混合式学习的挑战

①技术要求：混合式学习需要可靠的技术支持和设备，这对一些学校和学生可能是一个挑战。不同的学生可能在家中访问高质量互联网和设备的程度不同。这可能导致数字鸿沟，影响学生的学习机会。教师、学生和家长可能缺乏使用必要教育技术工具的技能和知识。学校可能缺乏技术支持来解决教师和学生的技术问题。

②教师培训：教师需要接受培训，以有效地设计和实施混合式学习课程。教育机构可以采取多种形式，如面对面工作坊、在线课程、虚拟研讨会、协作项目等。教育机构还可以建立教师学习社区，促进教师之间的交流和共享最佳实践。通过这些培训和支持，教师能够更有效地设计和实施混合式学习课程，提高教育质量和学生体验。

③学生参与：保持学生在在线学习部分的参与度和动力可能是一个挑战。设计包含讨论、辩论、小组合作等互动元素的学习活动，可以增加学生的参与感。使用在线论坛、聊天工具和视频会议软件来促进学生之间的交流和合作。

④评价方法：混合式学习需要综合评价学生在面对面和在线环境中的表现，这可能需要新的评价方法。

混合式学习已经成为教育领域的一种趋势，尤其是在新冠疫情期间，许多学校和教育机构采用了混合式学习模式以适应新的教育环境。随着技术的不断进步和教育理念的不断更新，混合式学习有望在未来的教育中发挥更加重要的作用。

（四）国际学士学位（International Baccalaureate，IB）

IB 是一个国际性的教育项目，提供四个不同年龄段的教育课程。它成立于 1968 年，总部位于瑞士的日内瓦，旨在为全球学生提供统一的教育标准和高质量的大学预科课程。IB 的教育理念强调批判性思维、国际视野和全面发展。

1. 国际学士学位的四个项目

①小学项目（Primary Years Programme, PYP）：面向 3 至 12 岁的学生，强调跨学科学习，注重学生的全面发展。

②中学项目（Middle Years Programme, MYP）：面向 11 至 16 岁的学生，提供五年期的教育课程，旨在培养学生成为具有国际视野的思考者和学习者。

③大学预科项目（Diploma Programme, DP）：面向 16 至 19 岁的学生，为期两年，相当于大学预科水平，完成 DP 的学生将获得国际学士学位证书，该证书被世界许多国家的大学认可。

④职业相关课程（Career-related Programme, CP）：这是一个比较新的项目，结合了 DP 的核心课程和职业相关学习，旨在为学生在特定职业领域的学习和未来职业生涯做准备。

2. 国际学士学位的特点

①国际化：IB 课程强调国际视野和跨文化理解，适合全球不同国家和地区的学生。

②综合性：IB 课程内容丰富，涵盖广泛的知识领域，鼓励学生进行跨学科学习。

③批判性思维：IB 教育鼓励学生发展批判性思维和解决问题的能力。

④语言学习：IB 课程要求学生学习至少两门语言，以促进语言能力和文化理解。

⑤社区服务：IB 项目要求学生参与社区服务活动，以培养他们的社会责任感。

⑥评估标准：IB 项目的评估标准严格，包括内部评估和外部考试，确保学生达到国际认可的标准。

国际学士学位在全球范围内得到广泛认可，许多大学都接受 IB 文凭作为入学资格，并且 IB 学生在大学中的表现通常优于其他学生。IB 教育被认为是一种高质量的教育，能够为学生提供进入世界顶尖大学的途径。

（五）蒙台梭利教育

蒙台梭利教育是由意大利医生和教育家玛利亚·蒙台梭利（Maria Montessori）在 20 世纪初创立的一种教育方法。这种方法强调尊重儿童的自然发展，通过为儿童提供准备好的环境、特殊设计的教具和材料，以及自由选择活动的机会，来促进儿童的全面发展。

1. 蒙台梭利教育的核心原则

①尊重儿童：蒙台梭利教育认为每个儿童都是独一无二的个体，拥有自己的兴趣和学习节奏。教育者应该尊重儿童的选择和发展阶段。

②准备好的环境：蒙台梭利教室是一个有序、美观、适合儿童大小的环境，其中包含了各种精心设计的教具和材料。

③自主选择：儿童可以自由选择他们想要进行的活动，这有助于他们发展自我约束和自我指导的能力。

④混龄教育：蒙台梭利教室通常包含不同年龄的儿童，这有助于促进社交技能的发展，并允许年长的儿童教导年幼的儿童。

⑤感官教育：蒙台梭利教具特别强调感官体验，帮助儿童通过触摸、看、听、尝和闻来学习和探索世界。

⑥专注和重复：儿童被鼓励长时间专注于他们选择的活动，并且可以重复进行同一活动，以深化理解其技能。

⑦内在动机：蒙台梭利教育鼓励儿童出于内在兴趣和满足感而学习，而不是外部奖励或惩罚。

2. 对蒙台梭利教育的批评

尽管蒙台梭利教育在全球范围内得到广泛应用和推崇，但它也面临一些批评。批评者认为，蒙台梭利教育可能过于结构化，限制了教师的创造性，并且可能不适合所有儿童。此外，蒙台梭利教育对教师的专业培训要求较高，这可能导致合格的蒙台梭利教师相对稀缺。

3. 蒙台梭利教育的影响

蒙台梭利教育对全球教育实践产生了深远的影响，尤其是在早期儿童教育领域。它启发了许多其他教育方法，并且被广泛应用于各种文化背景和经济环境中。蒙台梭利教育强调尊重个体、自主学习和社会责任等原则，与现代教育理念不谋而合，因此，它的理念和实践仍然具有广泛的吸引力。

跨国教育集团在开发和推广这些独特的课程体系和教学模式时，需要考虑如何将其与当地的教育需求和文化背景相结合，以确保教育质量和适用性。同时，这些集团还需要培养和吸引具有相应专业知识和技能的教师，以实施这些先进的教育理念和方法。通过这种方式，跨国教育集团能够提供高质量的教育服务，并且能够对全球教育的发展趋势产生影响。

四、在线教育平台

随着技术的发展，许多跨国教育集团也开始提供在线教育服务，使学生能够通过互联网在全球范围内接受教育。

在线教育服务打破了地理界限，允许学生无论身处何地，都能够获得来自世界各地的优质教育资源。学生可以根据自己的时间安排和学习节奏进行学习，这种灵活性对于工作繁忙或需要照顾家庭的学生尤其有益。许多在线教育平台提供了个性化的学习路径和资源，以满足不同学生的学习需求和兴趣。跨国教育集团可以将其在全球范围内的优质教育资源整合到在线平台，使更多的学生能够受益于这些资源。尽管在线学习是在虚拟环境中进行，但现代技术使学生和教师之间、学生和学生之间的互动和合作成为可能，提高了学习体验。对于教育机构来说，提供在线教育服务可以降低校园设施建设和维护的成本；对于学生来说，在线课程的费用通常比传统课程更为经济。在线教育内容可以快速更新和迭代，以反映最新的教育研究成果和技术进步。

随着互联网技术的发展和全球化的推进，跨国教育集团提供在线教育服务已经成为教育行业的一个重要趋势。以下是跨国教育集团提供在线教育服务的一些关键方面：

（一）技术平台和基础设施

①学习管理系统（LMS）：采用先进的学习管理系统来提供课程内容、学习跟踪、作业提交和评估。

②互动工具：利用在线会议、讨论板、社交媒体等工具促进师生、同学之间的互动。

③内容开发：投资于高质量的课程内容开发，包括视频、互动模拟和游戏化学习。

（二）课程和教学质量

①课程设计：设计适合在线学习的课程，确保内容既有深度又易于理解。

②师资力量：聘请经验丰富的教师，并提供在线教学培训。

③质量保证：建立质量保证体系，定期评估和改进在线教育服务。

（三）学生支持和互动

①个性化学习：提供个性化学习路径和辅导，满足不同学生的学习需求。

②学生社区：建立在线学生社区，促进学生之间的交流和合作。

③学生支持服务：提供学术、心理和职业发展等多方面的学生支持服务。

（四）合作与认证

①国际合作：与其他教育机构和国际组织合作，提供联合课程和认证项目。

②本地化合作：与当地教育机构合作，确保课程内容符合当地教育需求和标准。

（五）法律和伦理考量

①数据保护：遵守国际和当地的数据保护法规，确保学生隐私安全。

②知识产权：尊重知识产权，确保课程内容的合法使用和分享。

（六）市场和推广

①品牌建设：通过有效的市场营销和品牌建设，提高在线教育服务的知名度和吸引力。

②市场调研：持续进行市场调研，了解学生和雇主的需求，调整课程内容和教学方法。

跨国教育集团提供在线教育服务，不仅可以扩大其市场份额，还能为学生提供更加灵活和多样化的学习机会。然而，这也要求教育集团不断创新，保证教学质量，并适应不断变化的技术和市场环境。

五、品牌合作与授权

跨国教育集团可能与其他教育机构或品牌合作，通过品牌授权等方式，将其教育服务扩展到新的市场。跨国教育集团可以将其品牌和教育模式授权给其他教育机构使用。这种方式允许合作机构使用集团的名称、课程体系、教学方法和管理系统，从而快速建立起质量和信誉。跨国教育集团可以与当地的教育机构或企业建立合资企业，共同投资和运营新的教育项目。这种合作模式可以结合双方的优势，共同分担风险和收益。跨国教育集团可以与当地的教育机构合作办学，提供双学位课程、交换生项目或其他形式的教育合作。这种方式可以吸引更多的学生，并提供更丰富的教育选择。跨国教育集团可以将其优质的教育资源，如在线课程、教学材料、教师培训等，与其他教育机构共享。这种合作可以帮助合作伙伴提升教育质量，同时也扩大了集团的影响力。跨国教育集团可以将其在线教育平台、学习管理系统或其他教育技术工具提供给合作伙伴使用。这种合作可以帮助合作伙伴快速搭建在线教育能力，并为集团带来新的用户和市场。跨国教育集团可以与学术机构、研究机构或其他教育组织合作进行教育研究和开发，共同探索教育创新和改进。通过这些合作模式，跨国教育集团可以快速进入新的市场，扩大其业务范围，为当地学生提供高质量的教育服务。这种合作也有助于促进教育资源共享和全球教育标准的提升。

六、国际学校网络

跨国教育集团建立的国际学校网络通常提供从幼儿园到高中的连续教育服务，这些学校通常采用国际课程体系，如国际学士学位（IB）或英国教育体系，以及其他国家的教育体系。这些学校提供国际认可的课程，确保学生无论转到哪个国家的分支机构，都能获得同样的教育质量和教学标准。除了英语作为主要教学语言外，这些学校通常还提供其他语言的教学，如中文、西班牙语、法语等，以满足不同语言背景学生的需求。国际学校的学生和教师来自世界各地，这为学生提供了一个多元文化的学习和生活环境，有助于培养他们的国际视野和跨文化交际能力。这些学校通常聘请具有国际教学经验和资格的教师，他们能够适应国际教学环境，并提供高质量的教育服务。作为跨国教育集团的一部分，这些国际学校能够提供全球教育网络内的资源共享、学术交流和教育合作机会。国际学校通常提供个性化的学生关怀和支持，帮助学生在学术和社交方面取得成功，尤其是在适应新的教育和文化环境方面。这些学校通常配备现代化的校园设施和先进的教育技术，如科学实验室、艺术工作室、体育设施和信息技术资源。国际学校提供专业的大学升学指导服务，帮助学生规划未来的教育路径，并成功申请到世界各地的大学。国际学校网络不仅为外籍学生提供教育服务，也吸引了希望接受国际教育的本地家庭。通过提供高质量的国际教育，这些学校在全球教育市场中建立了声誉，并为学生的未来教育和职业生涯奠定了坚实的基础。

跨国教育集团的运营模式和案例分析显示了这些集团如何在全球范围内开展教育服务和影响教育市场。例如，博实乐教育集团和诺德安达教育集团是两个典型的案例，展示了跨国教育集团如何通过跨国并购和海外办学来扩大其业务范围和影响力。

（一）博实乐教育集团

其通过跨国并购在海外市场寻求竞争优势。根据相关研究，过去五年间，中国国际教育行业发生了 32 起跨国并购案例。博实乐教育集团的并购案例表明，跨国并购有助于企业实现产业优势、海外市场优势及财务协同效应，尽管其没有产生明显的经营和管理协同效应。博实乐教育集团通过一系列的并购行为，在全球范围内扩大了其教育服务的影响力。例如，博实乐教育集团以 1.92 亿美元收购了剑桥文理学院。这是一所私立寄宿学校，提供 GCSE、A level、大学预科及学术英语课程。这次收购旨在提高教师水平、优化学生学习体验，并加速博实乐教育的海外拓展。博实乐教育集团还收购了英国伯恩茅斯学校和其他几所学校，标志着其向全球教育版图的拓展。这些并购行为增强了博实乐教育在招生和盈利方面的能力。博实乐教育在国内外的业务布局包括 K-12 教育、校外辅助教育（如素质培训、游研学营地、留学服务）和教育科技。通过这些并购，博实乐教育在 2019 年的全年营业收入达到了 25.63 亿元的高点。然而，尽管博实乐教育通过并购实现了显著的营收增长，但其业绩在 2021 年却出现了转盈为亏的情况。这表明，尽管并购有助于短期内扩大业务规模，但长期来看，可能需要更有效的管理和运营策略来维持盈利能力。博实乐教育集团的并购案例反映了跨国教育集团在拓展全球教育市场方面的战略和挑战。虽然并购有助于快速扩张和增加市场份额，但同时也带来了管理和运营上的挑战，需要公司持续调整和优化其业务策略。

（二）诺德安达教育集团

其为全球 30 个国家提供 K-12 教育服务。该集团的发展经历了萌芽期、快速发展期和全面竞争期，形成了独特的办学理念和课程体系。诺德安达教育集团的发展也面临诸多挑战，如国际贸易形式变化、东道国国家政策制约、竞争压力、平衡商业发展目标和国际教育价值追求，以及国际教师招聘难度和教师流失问题。诺德安达教育集团致力于提供国际化双语教育，其学校采用中英双语教学，结合中西教育理念，旨在培养具有国际视野的学生。学校课程融合了中国母语文化与国际教育元素，提供包括国际小学课程、国际中学课程及国际文凭课程等。诺德安达学校采用"主题式"教学方法，通过一个主题学习所有学科，使学科之间不再孤立，从而提升学生的跨学科理解和应用能力。学校与纽约茱莉亚音乐学院合作设计音乐课程，强调音乐、舞蹈和戏剧在教育中的重要性，认为这些艺术形式有助于拓宽学生对文化和社会历史的理解，发展关键技能如沟通能力、协作能力和批判性思维。诺德安达教育集团通过全球校园网络，使学生能够与来自世界各地的学生互动，实现无国界的学术探索和合作。学校实行小班教学，注重教师与学生之间的互动，教师会根据每个学生的特点和需求进行个性化教学。诺德安达教育集团拥有均衡的中外师资队伍，教师不仅具备教学能力，还具有国际化视野。诺德安达教育集团在全球范围内迅速扩张，拥有 61 所学校，遍布 28 个国家，提供国际化教育服务。诺德安达教育集团在中国市场的战略布局主要集中在双语学校的开设，预计未来每年将在中国开设 3~4 所双语学校，覆盖一线和新一线城市。诺德安达教育集团的营运模式聚焦于提供高品质的双语教育，结合创新的教学方法和丰富的国际资源，旨在培养具备全球视野和国际竞争力的学生。

这些案例表明，跨国教育集团通过其运营模式和案例分析，不仅在全球教育市场中发挥了重要作用，而且对教育服务的提供方式和教育市场的运作产生了深远的影响。

第四节　在线教育国际合作的新模式与案例分析

在线教育国际合作正在通过创新的教学方法、跨学科和跨文化的合作，以及技术应用，推动全球教育向更加开放、融合和高效的方向发展。在线教育国际合作的新模式主要包括以下两个方面。

一、在线教育国际合作的新模式

（一）慕课（MOOC）的全球合作与共享

世界慕课联盟是由中国发起并主导的首个高等教育数字化领域国际多边组织，其成员包括来自世界 6 大洲 14 个国家的 17 所知名大学和 3 家在线教育机构。

该联盟旨在推动全球高等教育变革，实现更加普惠的高质量教育。联盟通过合作教学、能力建设、知识共享与公众宣传等方式，共同应对新冠疫情背景下智能互联网时代给全球教育带来的机遇与挑战。

世界慕课联盟的一个重要项目是"全球融合式课堂"（Global Hybrid Classroom），该项目通过在本地创建全球化的课程，帮助解决疫情带来的学生互访交通不便，促进不同文化、学科知识背景学生间的交流。例如，首批联盟成员高校圣彼得堡国立大学的 68 位同学在线加入清华大学的线上线下融合式教学课堂。联盟还推动了包括北京大学、上海交通大学、南洋理工大学等多所高校的约 500 名学生实现了"在线访学"，并积极探索学分互认。

在中国，慕课的发展取得了显著成就。目前，中国上线的慕课数量超过 7.68 万门，学习人次达到 12.77 亿。这些慕课平台拓宽了全民学习渠道，并通过线上线下混合的方式授课，优化了学习手段，提高了学习效率。例如，北京邮电大学艾新波教授的慕课"R 语言数据分析"吸引了来自不同高校、不同专业的众多学生参与学习。

此外，中国教育部还指导实施了"慕课西部行"计划，通过慕课供给、师资培训、教学平台服务，精准对接西部地区高校教学需求，提升当地教育教学质量和人才培养质量。慕课的全球合作与共享不仅提供了更广泛的学习机会，还促进了不同文化背景学生之间的交流和理解，对全球教育的发展产生了积极影响。

（二）全球融合式课堂项目

全球融合式课堂项目是通过在本地创建全球化的课程，克服疫情带来的学生互访困难，为更广大的学生创建具有全球视野的课堂。

清华大学发起的全球融合式课堂项目是一个旨在促进国际教育合作和资源共享的重要项目。该项目利用在线方式，让海外高水平大学的学生与清华大学的学生"同上一堂课"，实现了学分认定和跨国界的教育交流。

2021 年春季学期，清华大学向境外高校开放了 49 门课程，吸引了 400 余位境外学习者和 70 余名清华学生加入。这些课程涵盖计算机系、经管学院、人文学院、建筑学院、土木建管系、电子系和语言中心等多个领域。例如，清华大学学生加入亚琛工业大学、南洋理工大学、美国莱斯大学、加拿大多伦多大学等海外高水平大学的课程学习。2022年春季学期，全球融合式课堂项目继续向境外高校开放49门课程，吸引了210余位境外学习者加入，他们来自圣彼得堡国立大学、南洋理工大学、米兰理工大学、智利大学、特拉维夫大学及环太平洋联盟高校日本东北京大学学、新南威尔士大学、早稻田大学、香港科技大学、香港中文大学、香港大学等。同时，南洋理工大学、朱拉隆功大学、智利大学及环太平洋联盟高校等继续向清华学生开放课程。

全球融合式课堂项目不仅提供了高质量的教育资源，还促进了不同文化背景学生之间的交流和理解，为全球教育的发展和合作提供了新的途径。未来，清华大学计划进一步扩大项目合作高校的规模，利用信息技术更新教育理念，变革教育模式，推动建设更开放、更融合和更有韧性的大学。

（三）在线研究生教育的国际合作

随着信息技术的不断发展，在线教育在研究生教育领域也得到推广。例如，美国和加拿大在在线研究生教育方面已有较成熟的发展，提供了丰富的在线研究生学位项目和课程。这些国家的在线研究生教育促进了国家整体战略的发展与实施，并且注重从各方面保障其质量，如师资培训、学习者需求的满足等。

在线研究生教育的国际合作在中国的发展正逐步深化。以清华大学和南京大学为例，这些高校在推动研究生教育的国际化方面取得了显著成就。

1. 清华大学

清华大学大力推动研究生国际化培养，以服务国家战略、推进"双一流"建设、培养具备全球胜任力的高水平创新人才。自1996年以来，清华大学的研究生国际化培养学位项目取得了长足发展，特别是在全英文硕士学位项目方面。学校与亚洲、欧洲、北美洲、大洋洲的30余所知名高校建立了研究生联合培养机制，实现了研究生国际化培养的提升。此外，清华大学还建立了包括制度机制、国际资源、教学管理、学生事务等多方面的支撑平台，以优化学生国际化培养体验。

2. 南京大学

南京大学召开了"互联共创·奋进未来"研究生国际交流战略研讨会，旨在深化开放合作，提升国际影响力，推动具有全球视野和家国情怀的高层次创新人才培养。会议中，南京大学提出了提高政治站位、增强服务意识、加强组织实施力度等意见和建议，以进一步提升研究生国际交流工作成效。同时，南京大学也强调了国际合作在研究生教育中的重要性，并提出了包括聚焦国家发展战略需求、科学谋划国家公派留学的选派布局、提升服务质量和管理效率等具体举措。中国的在线研究生教育正在通过国际合作和资源共享，不断提升教育质量和国际化水平，从而培养具有全球视野和创新能力的高层次人才。

（四）国际教育平台的合作与共享

1. 国际教育平台的合作与共享

中国的一些在线教育平台吸引了来自世界各地的教师，为国际教育交流合作提供了新的渠道。例如，VIPKID平台联合创始人陈媛表示，预计未来几年内，通过在线教育平台为全球学生上课的教师数量将超过100万名。

2. 国际教育平台的合作与共享在中国得到了显著发展和推广

中国国家智慧教育公共服务平台国际版是由中国教育部指导建设，旨在响应联合国教育变革峰会愿景声明，并践行向联合国教科文组织作出的庄严承诺。它面向全球学习者，以"数字教育惠及所有学习者"为愿景，遵循"联结为先（Connection）、内容为本（Content）、合作为要（Cooperation）"的"3C"理念。该平台支持联合国六种官方语言，提供丰富的学习指导和政务服务，包括约780门课程，涵盖多个学科门类和专业大类。

3. 中国教育国际交流协会

中国教育国际交流协会自2000年起每年举办一届中国国际教育年会，这是中国最大的综合性教育合作与交流平台，也是亚洲最具影响力的综合性国际教育盛会之一。年会不仅提供政策解读、学术研讨，还帮助中外院校对接合作需求，助力院校国际化能力建设，在搭建国际教育合作平台方面发挥了重要作用。

4. 世界数字教育发展合作倡议项目

该项目强调加强政策对话沟通、推动基础设施联通、推进数字资源共享、加强融合应用交流、开展能力建设合作，以及建立健全合作机制等方面。这些倡议旨在共同推动教育数字化变革和2030年教育目标的实现，促进教育公平包容、提升教育质量，并确保数字化应用符合安全与伦理规范。中国的国际教育平台合作与共享项目正在不断发展和完善，通过这些平台和倡议，中国正积极参与全球教育合作，推动教育资源的共享和创新。

二、在线教育国际合作的实例

在线教育国际合作的新模式和案例分析显示了多个方向和实例，这些模式和案例反映了全球教育领域如何应对数字化时代的挑战和机遇。

（一）世界慕课联盟

联盟的一个重要实践是"全球融合式课堂"项目，该项目帮助实现了海内外大学生"同上一堂课"，促进了国际理解教育。例如，2021年春季学期，联盟秘书处发起的这个项目，通过在本地创建全球化的课程，克服了新冠疫情短期内带来的学生互访交通不便。首批联盟成员高校圣彼得堡国立大学的68位同学在线加入清华大学线上线下融合式教学的课堂。此外，清华大学开设的"科技企业的创立与成长"课程，由清华大学经济管理学院副教授张佳音与北极光创投创始人、清华大学杰出访问教授邓锋共同设计开发，聚焦中国本土的科技企业创立与成长案例，旨在帮助学生深入了解前沿科技商业化的核心要素与过程。

此外，联盟还启动了"在线教育对话2021"项目，旨在加强中外大学在线教育管理者的交流与合作。该项目吸引了来自香港科技大学、印度孟买大学、东京大学、新加坡国立大学等高校的国内外5000余人参与。对话环节中，讨论了实践中的范式转移、重思"后大规模"时代的高等教育，以及线上线下融合的教学方式等多个主题。这些活动展示了世界慕课联盟在推动在线教育国际合作方面的努力和成就，并且展示了教育数字化转型的重要性，以及跨部门、跨学科的协同配合和校际、校企、国际等多方的紧密合作。

（二）国际数字教育案例汇编

其收录了全球五大洲 35 个国家和地区的 55 个数字教育实践案例。这个汇编由中国联合国教科文组织全国委员会牵头征集，北京师范大学的联合国教科文组织"人工智能与教育"教席负责具体整理。这些案例分为六大主题，包括"建设相互联通的公共平台，创造智能学习环境""开放共享优质资源，缩小数字鸿沟""推进数字技术与教育深度融合，构建教育新生态""创新教育教学方法，提升师生数字素养""打造全纳数字学习系统，强化教育抵御危机能力"和"保障最边缘群体受教育权，确保数字教育普惠可及"。这些案例汇编体现了全球数字教育参与主体的多样性、价值创造的普惠性、技术发展的创新性和交流合作的广泛性。

国际数字教育案例汇编为各国发展数字教育提供了有益的借鉴，生动地讲述了各方推进数字教育创新发展的精彩故事。这些案例为全球数字教育的发展提供了宝贵的经验和启示。

此外，还有对国际高等教育数字化多元协同的案例分析，例如，芝加哥大学的学习技术小组、加拿大约克大学和企业的合作、美国西佛罗里达大学和迈阿密戴德学院的合作等。这些案例展示了教育数字化转型不仅是技术的应用和掌控，更是对教育生态系统的重塑，需要跨部门、跨学科的协同配合，以及校际、校企、国际等多方的紧密合作。这些案例和模式表明，在线教育国际合作正通过创新的教学方法、跨学科和跨文化的合作，以及技术应用，推动全球教育向更加开放、融合和高效的方向发展。

第六章 国际教育合作交流的现状与问题

第一节 当前国际教育合作的主要形式与特点

当前中国已与 181 个建交国普遍开展了教育合作与交流，与 159 个国家和地区合作举办了孔子学院（孔子课堂），并与 58 个国家和地区签署了学历学位互认协议。随着建交国数量的增加，以及中国教育国际合作交流的不断推进，后续与更多建交国开展教育合作与交流是必然趋势。这些合作不仅涉及高等教育，还包括职业教育、中小学教育等多个层面。中国教育部通过一系列政策和措施，如支持粤港澳大湾区、长三角地区、海南自贸港等地区建设国际教育示范区，以及支持中西部和东北地区扩大教育开放，从而推动教育全方位开放。中国在国际教育领域的合作与交流不断加强，例如，通过国际产学研用合作会议，吸引了 70 多个国家的专家学者参与，促进了中外导师联合培养研究生项目的发展。中国政府将职业教育作为国际交流合作的重要内容，与全球五大洲的 70 多个国家和国际组织建立了稳定联系。例如，中国与东盟加强了职业教育、学历互认等合作，实施了"未来非洲——中非职业教育合作计划数字资源平台"，以及倡议建立金砖国家职业教育联盟等。中国积极参与国际教育治理，与联合国教科文组织等国际组织合作，推动教育减贫等全球性议题，同时举办了一系列国际会议和活动，如世界职业教育发展大会等，为全球教育治理贡献智慧和力量。当前国际教育合作的现状表明，中国正积极融入全球教育体系，通过多种形式和层面的合作，不断提升教育国际化的水平和质量。

一、国际教育合作的主要形式

（一）政府间教育国际交流与合作

国际组织鼓励的政府间教育合作是教育国际化的重要组成部分。例如，在乌拉圭回合谈判中，世界贸易组织（WTO）成员通过了《服务贸易总协定》（GATS），这一协定承诺降低教育服务领域的贸易壁垒。根据《服务贸易总协定》，教育服务贸易属于服务贸易的范畴，并首次为国际服务贸易提供了一套初步的总体规则框架。

《服务贸易总协定》的宗旨是在透明度和逐步自由化的条件下扩大全球服务贸易，并促进各成员的经济增长和发展中国家成员服务业的发展。该协定包括序言和六个部分共29个条款、8个附录、8项部长会议决定。其规定了最惠国待遇、国民待遇、市场准入、透明度及支付的款项和转拨资金的自由流动等原则。

教育服务贸易作为服务贸易的一部分，其定义包括从一成员境内向任何其他成员境内提供服务，在一成员境内向任何其他成员的服务消费者提供服务，一成员的服务提供者在任何其他成员境内以商业存在提供服务，以及一成员的服务提供者在任何其他成员境内以自然人的存在提供服务。

根据《服务贸易总协定》，WTO成立了服务贸易理事会，负责协定的执行。此外，该协定还规定了国际服务贸易的四种主要方式：跨境交付、境外消费、商业存在、自然人流动。

从中国的角度来看，根据《服务贸易总协定》，中国在教育服务贸易方面做出了部分承诺。这些承诺包括允许外国机构在中国设立代表处，对外国机构代表处、分公司和子公司的经理、高级行政管理人员和专家的入境和居留安排，以及对教育服务的市场准入和国民待遇的限制等。《服务贸易总协定》通过降低教育服务领域的贸易壁垒，促进了国际教育服务贸易的发展，同时也为各国在教育服务方面的合作和交流提供了框架和原则。

此外，区域性组织如上海合作组织成员国之间也签署了政府间教育合作协定。该协定于 2006 年 6 月 15 日在上海签订。《上海合作组织成员国政府间教育合作协定》的目的是在相互尊重和平等的基础上发展和巩固成员国人民之间的友好和合作关系。该协定涵盖多个方面，包括教育领域的合作、教育改革经验的交流、教育机构和组织间的学生和科研教学工作者的相互交流、教育法规的信息交换，以及教育项目的许可、认证、评估程序的信息交流等。上海合作组织在教育方面的一个重要成果是上海合作组织大学的组建。上海合作组织大学不是一个实体大学，而是一个由上海合作组织成员国选出来的项目院校组成的跨国大学网络。这个网络涵盖区域学、信息技术、能源学、生态学、纳米技术、教育学、经济学等多个优先合作方向，并在人才培养和科研合作方面取得了显著成果。

（二）区域性组织伙伴国之间的教育合作

1. 教育部推进共建"一带一路"教育行动，促进共建国家和地区教育加强合作

中国教育部积极推进共建"一带一路"教育行动，旨在促进共建国家和地区的教育合作与发展。这一行动的核心内容包括：中国强调教育在国家富强、民族繁荣、人民幸福中的基础性和先导性作用。通过教育交流，加强共建国家间的民心相通，并提供人才支撑，以促进政策沟通、设施联通、贸易畅通和资金融通。中国提出育人为本、人文先行、政府引导、民间主体、共商共建、开放合作、和谐包容、互利共赢等合作原则，旨在推动教育合作的深入发展。重点包括开展教育互联互通合作，如加强教育政策沟通、助力教育合作渠道畅通、促进共建国家语言互通等，以及开展人才培养培训合作，如实施"丝绸之路"留学推进计划、加强国际中文教育等。在共建"一带一路"倡议下，中国与共建国家的教育合作取得了显著成果。例如，国际中文教育受众规模不断扩大，与多个国家签署了高等教育学历学位互认协议，以及推动了一系列高质量的合作项目。教育合作还涉及技术共享和增进民生福祉的方面，如通过共建中欧班列、铁路等基础设施，促进区域经济和社会发展。中国教育部的共建"一带一路"教育行动通过教育合作，促进了共建国家的共同发展和繁荣，构建了更加紧密的区域合作关系。

2.成立"中国—东盟职业教育联合会"，加强区域教育合作

中国—东盟职业教育联合会是一个旨在加强中国与东盟国家在职业教育领域合作和交流的重要平台。该联合会于 2022 年 8 月 22 日由中国教育国际交流协会和东南亚教育部部长组织职业技术教育区域中心共同启动，由参与"中国—东盟双百职校强强合作旗舰计划（2018—2022）"的 175 个职业院校、应用技术大学、研究机构和行业企业共同发起。其中，中方单位有 98 家，东盟 10 个成员国共有 77 家参与。

中国—东盟职业教育联合会的成立，标志着中国与东盟国家在职业教育领域的合作进入了一个新的阶段。联合会的目标是通过拓宽合作范围和领域，提升合作内涵和质量，打造升级版的中国—东盟双多边职业教育合作平台，推动各国间的互学互鉴、共商共享，让合作成果惠及更多的学生、教师、院校和企业，构建更为紧密的中国—东盟职业教育共同体，为区域经济社会的高质量可持续发展贡献职教力量。

中国—东盟职业教育联合会的中方秘书处设在中国教育国际交流协会，而东盟方秘书处设在东南亚教育部部长组织职业技术教育区域中心。联合会还设有执行秘书处和国别工作组，分别设在长沙民政职业技术学院和柳州职业技术学院等，以促进具体的合作项目。

2023 年 8 月 30 日，在中国—东盟教育交流周期间，中国—东盟职业教育联合会举办了第一次全体大会。这次会议吸引了来自中国、老挝、柬埔寨、印度尼西亚、泰国、越南、马来西亚等国的教育行政部门、职业院校、行业企业及有关国际组织的 400 余名代表参加。在会上，各方讨论了如何进一步推动职业教育务实合作和产教深度融合，以及如何共同构建中国—东盟职业教育产业合作共同体。

（三）各国地方性政府、高等教育机构为主体的教育合作

浙江大学爱丁堡大学联合学院是浙江大学和英国爱丁堡大学合作成立的非

独立法人中外合作办学机构，开设了生物医学和生物医学信息学等双学位专业，以及双学位博士项目和外方单学位硕士、博士项目。该学院融合了东西方教育优势，致力于培养生物医学领域的复合型创新人才。

上海交通大学密西根学院是上海交通大学与密西根大学合作成立的，被誉为"国际合作办学的典范"。学院提供多个领域的国际联合培养和海外访学机会，致力于培养具有全球胜任力和国际领导力的拔尖创新人才。

北京大学通过中外人文交流研究基地等平台，推动教育国际交流，构建人类命运共同体。这些举措不仅加强了国际间的教育合作，还为培养具有国际视野和创新能力的人才提供了重要支持。中外合作办学为中国教育领域的发展提供了多元化的教育模式和课程内容，并促进了国际间的教育合作与资源共享，为培养具有国际视野和创新能力的人才提供了重要支持。

中国教育国际交流协会主办的中国国际教育年会是中国最大的综合性教育合作与交流平台。该年会自 2000 年起每年举办一届，汇聚了全球众多教育工作者和社会各界人士，共同探讨教育领域的最新趋势和发展。

第 24 届中国国际教育年会暨展览于 2023 年 10 月 21 日至 28 日在北京、上海等地成功举办。这次年会响应了联合国教育变革峰会的倡议，以"突破·联通：共聚教育的力量"为主题，举办了全体大会、CACIE 之夜、40 场平行论坛、合作洽谈、教育展览等百余场活动。与会者包括来自全球 50 余个国家和地区的近5000 名教育工作者和社会各界人士，教育展观展总量达 2.5 万人次。

中国教育部部长怀进鹏在开幕式上强调了教育在传承文明与知识、创造美好未来中的重要作用，并提出加强教育联通共享、聚焦突破创新、坚持互学互鉴等三点倡议。此外，联合国教科文组织执行局主席、韩国教育部副部长等多位重量级嘉宾也发表了致辞和主旨发言，共同探讨教育领域的未来发展。中国国际教育年会暨展览集国际性、专业性、实效性、多元性于一体，为中国和全球教育工作者及各界代表搭建了一个分享经验、洽谈合作和对接资源的国际教育合作交流平台，是中国加快和扩大教育对外开放的重要实践。

（四）人文交流与合作

在 2014—2024 年，中国教育部在推动中外高级别人文交流机制方面取得了显著成就。教育部共筹办了 37 场中外高级别人文交流机制会议，并签署了 300 多项合作协议，达成了近 3000 项具体合作成果。这些合作成果不仅加强了教育领域的交流与合作，还为双边关系的发展注入了正能量和暖力量。在人文交流机制框架下，形成了一系列教育品牌项目，如中美青年创客大赛、中俄同类大学联盟、中英中法百校交流、中南（非）职业教育联盟等。

同时，教育部还深化了"放管服"改革，以信息化手段支撑全链条留学服务体系，推动中外合作办学的审批、管理、评估、退出机制不断完善。中国教育部在推动中外高级别人文交流机制方面取得了显著成就，为中国教育以更加开放自信的姿态走向世界舞台奠定了基础。

（五）参与全球教育治理

中国持续加强与有关国际组织合作，参与联合国教科文组织、二十国集团、金砖国家等多边机制框架下的教育合作。自 2013 年以来，中国与联合国教科文组织的关系持续稳定发展，双方在教育、科学、文化、信息传播等领域合作取得了新进展。中国国家主席习近平多次会见联合国教科文组织总干事，并为双方合作举办的重大活动致贺信，推动构建人类命运共同体和文明交流互鉴等重要思想理念在联合国教科文组织平台日益得到广泛认同。

中国与联合国教科文组织合作举办了多个高级别国际会议，如"文化：可持续发展的关键"国际会议、国际教育信息化大会等，这些会议形成的成果文件成为联合国教科文组织的重要文献，促进了国际社会在相关领域的合作发展。中国还积极参与联合国教科文组织的重大倡议、重要议程和重点计划。例如，中国担任 2030 年教育高级别指导委员会成员及 2030 年教育监测指标技术合作组和教师工作组等工作机制成员，深度参与全球 2030 年可持续发展教育议程实施。

值得一提的是，联合国教科文组织在中国上海设立的国际 STEM 教育研究所，这是联合国教科文组织在全球设立的第十个一类中心，也是首个在欧美之外设立的一类中心。该研究所的主要职能是促进科学、技术、工程和数学领域的教育，涵盖从幼儿到成人的各个阶段，致力于为全民提供包容、公平、适切和优质的 STEM 教育。中国与联合国教科文组织在教育领域的合作加强了国际间的交流与合作，并且为全球教育发展注入了生机活力，为世界教育发展做出了积极贡献。

（六）国际产学研用合作

教育部于 2018 年创办国际产学研用合作会议，吸引了多国专家学者参会，开展科研合作，中外导师联合培养研究生。

这些形式体现了中国教育国际化的多元化、系统化发展，旨在促进教育资源的共享、提升教育质量，并积极参与全球教育治理。

二、国际教育合作的特点

（一）政府间合作

政府间教育合作是国际教育合作的重要组成部分，涉及国际组织和区域性组织，如世界贸易组织、上海合作组织等，通过签署协议和承诺来降低教育服务领域的贸易壁垒，促进教育合作。

政府间组织通过谈判和协议，减少教育服务领域的贸易壁垒，如签证限制、关税壁垒、市场准入限制等，以促进教育服务的自由流动。推动教育标准和认证的国际化，确保不同国家的教育证书和学历得到国际认可，从而促进学生和教师的跨国流动。促进教育资源的国际共享和知识传播，包括教育技术的应用、课程内容的共享、研究合作等。加强政府间在教育政策、法规和监管方面的协调，减少政策差异对教育合作的影响。提供技术援助和资金支持，帮助发展中国家提高教育质量，缩小教育差距。鼓励文化交流和理解，通过教育合作促进不同文化之间的相互尊重和理解。将可持续发展原则融入教育合作，培养具有社会责任感和环保意识的全球公民。

（二）区域性组织合作

区域性组织如共建"一带一路"倡议下的教育合作，旨在加强共建国家和地区间的教育合作，通过共建平台和项目，推动教育资源的共享和整合。

通过教育合作，增强共建国家之间的友好关系。共建教育平台和项目，如孔子学院、丝绸之路大学联盟等，促进教育资源的共享和整合。鼓励共建国家间的学术研究和合作，推动知识创新和学术交流。开展专业技能培训项目，提高共建国家人民的就业能力和生活水平。推动学生和教师的国际交流，增进相互了解和友谊。加强共建国家在教育政策、法规和监管方面的协调，减少政策差异对教育合作的影响。提供资金支持和基础设施建设，改善共建国家的教育条件和设施。教育合作可以促进"一带一路"共建国家间的文化交流、知识传播和经济合作，为共建国家的发展和繁荣作出贡献。

（三）地方性政府与高等教育机构合作

地方性政府和高等教育机构通过中外合作办学项目，提供国际化的教育环境和课程。这些项目通常由中国教育机构与外国高等教育机构合作建立，旨在结合双方的教育资源和优势，为学生提供国际化的教育体验。

中外合作办学项目通常采用双语教学，提供国际化的教学环境，让学生能够接触和理解不同文化背景下的教育理念和教学方法。合作项目通常采用国际课程体系，并可能提供外国高等教育机构的学位认证，这有助于提升学生的国际竞争力。中外合作办学项目通常聘请具有国际背景的教师，为学生提供多样化的教学视角和经验。通过中外合作办学项目，学生有机会与来自不同文化背景的同学交流和合作，增进相互了解和友谊。提供实习、交换项目和国际研究合作机会，帮助学生将所学知识应用到实际工作中，提高就业竞争力。地方政府和教育部门需要与外国合作伙伴协调政策，确保项目的合规性和教育质量。中外合作办学项目可以促进地方性政府和高等教育机构的教育国际化，提高教育质量，培养具有国际视野的人才。

（四）人文交流与合作

人文交流与合作通过举办高级别人文交流机制会议、签署合作协议和创建教育品牌项目，促进不同文化背景下的教育交流和理解。

通过这些会议，不同国家的政府官员和教育专家可以就教育政策、课程开发、教师培训等议题进行深入讨论和交流，促进政策协调和资源共享。签署合作协议可以确保双方在教育领域的合作有明确的目标和具体的行动步骤，包括教师交流、学生交换、联合研究等。创建教育品牌项目，如创客大赛、大学联盟等，可以提供一个平台，让学生和教师在实践中学习和交流，促进创新思维和国际视野。组织文化体验、艺术展览、语言学习等活动，能够帮助参与者更好地理解不同文化背景下的教育理念和价值观。利用社交媒体和网络平台，可以扩大教育交流和理解的影响力，让更多的人参与到国际教育合作中来。

（五）全球教育治理参与

中国积极参与联合国教科文组织、二十国集团、金砖国家等多边机制下的教育合作，通过这些平台，加强与其他国家和国际组织的交流与合作。

作为联合国教科文组织的成员国，中国积极参与其教育相关项目和国际会议，推动教育领域的国际合作和交流。在 G20 框架下，中国与其他成员国共同讨论和制定全球教育政策，推动教育领域的全球合作与发展。金砖国家机制下，中国与其他金砖国家（巴西、俄罗斯、印度、南非）共同推动教育领域的合作，包括教师培训、学生交流、学术研究等。通过多边机制，中国与各成员国和合作伙伴共同制定教育政策和标准，推动资源共享，提高教育质量和效率。通过多边机制下的教育和文化交流活动，增进各国人民之间的相互了解和友谊，促进文化多样性和和平发展。在多边机制下，中国与合作伙伴共同推动教育领域的可持续发展，包括消除教育不平等、提高教育普及率等。中国能够与其他国家和国际组织在多边机制下加强教育合作，共同推动全球教育的发展和进步。

（六）产学研用合作

教育部推动国际产学研用合作，旨在吸引多国专家学者参与，开展科研合作，促进知识创新和应用，提升中国高等教育的国际地位和影响力，同时促进科技发展和人才培养。

通过国际产学研用合作，中国高等教育机构能够与外国高校、研究机构和企业合作开展科研项目，共同解决全球性问题，推动知识创新。中外导师联合培养研究生项目，如双导师制，可以为学生提供跨文化、跨学科的教育和研究环境，培养具有国际视野的创新人才。加强产学研用合作，促进研究成果转化为实际应用，推动科技创新与产业升级，提高国家竞争力。通过国际产学研用合作，中国高等教育机构能够培养具有国际竞争力的人才，满足国家和社会发展的需求。政府需要提供政策支持和资金投入，鼓励和推动国际产学研用合作项目的开展。国际产学研用合作项目可以促进不同文化背景下的学术交流和理解，增进各国人民之间的友谊和合作。还可以促进知识创新和应用，提高中国高等教育的国际地位和影响力，为国家的科技发展和人才培养作出贡献。

这些特点反映了国际教育合作的多维度、多层次发展，旨在促进教育资源共享、提升教育质量，并积极参与全球教育治理，推动教育国际化进程。

第二节　国际教育合作面临的政策、经济与文化挑战

当前国际教育合作面临的挑战和机遇是多方面的。不同国家政策的变化，特别是与教育、移民、签证相关的政策，可能对国际学生和教师的流动产生影响，从而影响国际教育合作。全球经济波动可能影响教育投资，包括政府和私人资金，可能会影响国际教育项目的可持续性。技术的快速发展和应用，如在线教育、人工智能、虚拟现实等，为国际教育合作提供了新的平台，但也带来了对传统教育模式的挑战。不同文化背景下的教育理念、教学方法和沟通方式存在差异，这可能影响国际教育合作的有效性和效率。与此同时，全球化趋势使得国际教育合作成为可能，促进了不同国家间的文化交流和知识共享。新兴市场的增长为国

际教育机构提供了新的学生来源和合作伙伴关系，增加了国际教育项目的潜在参与者。技术的进步为国际教育合作提供了新的工具和平台，如在线学习平台、虚拟实验室等，使教育资源共享更加便捷。知识经济的兴起需要具有国际视野和跨文化交流能力的人才，国际教育合作可以帮助培养这样的人才。不同国家之间的政策协调和标准化有助于减少国际教育合作的障碍，从而促进教育资源的全球流动。

一、国际教育合作面临的政策挑战

这包括各国教育政策的差异、国际教育合作的法律法规，以及教育对外开放政策的制定和实施。涉及教育政策、移民政策、外交政策、贸易政策等多个领域。例如，中国政府在近年来不断优化教育对外开放的总体布局，加强同世界各国的互容、互鉴、互通，推动了教育国际合作交流水平的全面提升。对于国际学生和教师来说，签证和移民政策可能是一个主要障碍。这些政策可能会限制入境、停留时间和工作许可，从而影响国际教育的流动性。不同国家对教育的定义、标准和监管可能存在差异，这可能导致教育合作的复杂性和不兼容性。语言和文化差异可能会影响国际教育项目的有效实施，尤其是在课程内容、教学方法和评估标准方面。资金是国际教育合作的关键。政策可能限制或影响资金的流动，包括教育援助、研究资金和奖学金。贸易政策和投资规则可能对国际教育机构在新兴市场的运营产生影响，包括所有权限制、运营许可和税收政策。政治稳定性和国际关系的变化可能会影响国际教育合作，包括政治紧张、制裁和冲突。不同国家对数据隐私和信息安全的法律和规定可能存在差异，这可能会影响国际教育合作中的数据共享和远程学习。教育质量保证和认证体系在不同国家可能不同，这可能会影响国际教育的认可和质量。知识产权保护的政策和法规差异可能会影响教育资源共享和知识产权的跨境使用。不同国家对文化和价值观的接受程度不同，这可能会影响国际教育合作中的教学内容和交流方式。

国际教育合作中的政策挑战对教育质量会产生重要影响。政策挑战可能导致课程和教学内容无法及时适应变化的需求，影响教育质量。例如，如果政策限制了某些学科或主题的教授，或者对课程内容进行了不适当的审查，可能会限制学生的知识获取和教育质量。政策限制可能阻碍优秀教师和研究人员在国际间的流动，影响教育质量。例如，签证政策的变化可能限制外籍教师和专家进入特定国家，从而影响教育项目的质量。政策挑战可能导致资金和资源的可获得性下降，影响教育质量。例如，如果政府削减了对国际教育项目的资金支持，可能会导致项目缩减或质量下降。政策挑战可能影响国际学生的流动性和多样性，进而影响教育质量。例如，严格的签证政策可能会限制国际学生的数量，减少校园文化的多样性，影响教育体验和教育质量。政策挑战可能限制教育机构之间的合作和交流机会，影响教育质量。例如，如果政府对国际交流项目实施限制，可能会减少教师和学生的交流机会，影响教育质量。政策挑战可能导致教育标准和认证的差异，影响教育质量的跨国认可。例如，如果不同国家的教育认证体系不兼容，可能会影响国际学生的学历认证和就业机会。

二、国际教育合作面临的经济挑战

国际教育合作项目往往需要大量资金支持，包括教师培训、课程开发、设施建设等。涉及教育资源的分配、教育投资的不足，以及全球经济形势对教育的影响。通货膨胀、汇率波动、运输费用增加等因素可能导致国际教育合作项目的运营成本上升，给参与机构带来压力。国际教育合作项目的投资回报周期较长，且不确定性较高，这可能导致潜在投资者犹豫不决，影响项目的资金筹集。某些国家或地区可能面临经济制裁，这直接影响其参与国际教育合作的资金来源和能力。全球经济市场的波动可能影响国际教育合作项目的财务状况，包括投资回报率和资金流动性。不同国家之间的劳动力成本差异可能导致国际教育合作项目面临成本压力，尤其是在高劳动力成本国家。某些国家可能对资金流动实施限制，进而影响国际教育合作项目的资金筹集和分配。

经济因素在国际教育合作中扮演着关键角色，因为其直接影响国际学生的流动性和教育资源的分配。汇率波动可以大大影响国际学生的学费和生活费用。例如，如果学生的母国货币相对于目标国家的货币贬值，那么他们的学费和生活费用在母国货币的计算下会变得更加昂贵，从而可能降低他们前往目标国家的意愿。经济衰退或危机可能导致国际学生来源国的经济困难，减少他们支付学费的能力。这可能导致国际学生数量下降，从而影响目标国家的教育机构和国际学生社区的多样性。如新冠疫情期间，许多国家的经济遭受重创，这直接影响了国际学生的流动和教育资源的投资。许多教育机构面临财务压力，国际学生也面临旅行限制和隔离要求，这些因素共同作用，大大减少了国际学生的流动。

为了应对这些经济挑战，教育机构可能需要采取灵活的学费政策，提供奖学金和财务援助，以及加强在线教学能力，以便在必要时能够提供远程学习选项。此外，政府和国际组织也可能提供紧急援助，帮助教育机构和学生渡过难关。通过这些措施，可以减轻经济因素对国际教育合作的影响，并促进教育机构的可持续发展和国际学生的流动。

三、国际教育合作面临的文化挑战

这主要体现在跨文化交流的复杂性和多样性上。在当今全球化时代，跨文化交流对国际教育产生了深远的影响。跨文化交流有助于学生了解不同的文化背景、历史、风俗和语言，从而拓宽他们的视野，增加他们对世界的认识。通过跨文化交流，学生学会在不同的文化背景下进行有效沟通和交流，这有助于培养他们的跨文化意识和能力。国际教育合作允许学生和教师接触到不同的教育理念和方法，从中学习和借鉴，以丰富自己的教育实践。跨文化交流教育强调对不同文化的理解和尊重，这对于培养具有国际视野的人才至关重要。然而，跨文化交流也面临挑战。例如，不同文化背景下的教育理念、教育方式和教育内容的差异，需要国际教育合作者共同努力，寻找有效的沟通和合作方式。这包括加强顶层设计，构建多元化教育体系，提升教师的跨文化素养，创新教学方法，加强校企合作，以及建立国际化评价体系等措施。跨文化交流对国际教育合作既是机遇也是挑战，需要通过创新和适应来克服文化差异带来的障碍，从而实现更有效的国际合作与交流。

文化挑战包括不同国家和地区之间的文化差异、价值观念的差异，以及语言和沟通障碍。例如，中国教育对外开放的总体布局不断优化，教育的"朋友圈"不断扩大，同181个建交国普遍开展了教育合作与交流，与159个国家和地区合作举办了孔子学院（孔子课堂），与58个国家和地区签署了学历学位互认协议，这些举措有助于促进不同文化背景下的教育机构和学生之间的交流与理解。文化差异和国际间的文化理解是国际教育合作中的一个重要方面。以粤港澳大湾区为例，该区域在推进教育合作时需要考虑多种文化差异和挑战，不同国家和地区有不同的政治体制和意识形态，这些差异可能影响教育政策的制定和实施，以及教育内容的传播和接受。不同国家的执业资格认证体系不同，国际学生和教师在获得当地执业资格方面可能面临挑战。语言是文化的重要组成部分，不同语言的使用和沟通方式可能导致误解和沟通障碍。在粤港澳大湾区，虽然主要使用中文，但香港和澳门地区有独特的方言和英语使用习惯，这需要在教育合作中考虑。不同地区的价值观和习俗差异可能影响学生的日常生活和学习环境。例如，在宗教信仰、饮食习惯、节日庆典等方面，国际学生需要适应新的文化环境。

为了应对这些文化差异和挑战，粤港澳大湾区在推进教育合作时需要采取一系列措施，包括加强跨文化交流和理解的教育，提供语言支持和服务，以及制定包容性的教育政策和实践。通过这些努力，可以促进不同文化背景下的教育机构和学生之间的交流与理解，从而推动国际教育合作的成功。

总体而言，国际教育合作面临的政策、经济与文化挑战对于推动全球教育的发展、促进教育公平和质量的提升具有重要意义。通过不断优化政策、加强经济支持和促进文化交流，可以有效应对这些挑战，实现教育的可持续发展。

第三节　教育发展不均衡与合作障碍

教育发展不均衡在中国是一个复杂且多维的问题，涉及多个层面和领域。根据最新的报道和官方数据，下面是中国教育发展不均衡的四个主要方面。

一、区域间的教育发展不平衡

目前，中国中西部地区和农村地区与东部地区和城市地区在教育发展上的差距确实存在。这种差距体现在多个方面，包括教育资源分配、教学质量、学校设施、教师队伍建设等。

近年来，中国政府高度重视教育公平，采取了一系列措施来缩小这些差距。政府通过增加财政拨款、实施教育专项基金等方式，加大对中西部地区和农村地区教育的投入。通过政策引导，鼓励优秀教师到中西部地区和农村地区任教，并且利用现代信息技术，如远程教育，使这些地区的学校能够共享优质教育资源。加强农村地区教师培训，提高教师素质和教学能力。改善农村学校的硬件设施，提升学校的教学环境。通过乡村振兴战略，促进农村经济和社会发展，从根本上改善农村地区的教育条件。通过区域协调发展战略，促进东部中西部地区之间的均衡发展，包括教育资源的均衡配置。

尽管如此，由于历史、地理、经济等多方面因素的影响，中西部地区和农村地区与东部地区和城市地区之间的教育差距仍然存在。未来，需要政府、社会、学校和家庭共同努力，持续推动教育公平，缩小区域间的教育发展差距。

区域间教育发展不平衡涉及教育资源的分配、教育质量的差异、教育政策的实施等多个方面。中国教育发展的区域不平衡主要体现在教育产出的提升效果显著，但教育发展的各维度，特别是教育可获得性仍存在明显的区域不平衡现象，即强者愈强、弱者愈弱的高等教育领域的"马太效应"。东部地区的高校在资源、学科建设水平和人才流动方面具有明显优势，而中西部地区则相对较弱。这种不平衡不仅体现在教育资源的不合理分布，还影响了区域经济社会发展的协调性。例如，优质高校资源主要集中在北京、上海及广东等地，这加剧了区域人才供给失衡，阻碍了经济区域协调与社会公平发展。在中国，中西部教育和农村教育虽然得到增强，但与东部地区和城市地区相比，仍存在差距。为解决这些问题，需要从多个层面进行努力，包括政策支持、资源分配、教育改革等。例如，国家可以加大对中西部高校的经费支持，建立多部委与地方政府协作的常态机制，汇集各类资源形成合力，以促进区域内高校的协调发展。

二、教育层次结构的不平衡

学前教育和高中阶段教育在中国教育体系中相对薄弱。这两个阶段的教育资源和发展水平与义务教育阶段（小学和初中）相比，存在一定的差距。学前教育是儿童教育的起点，对儿童早期发展至关重要。然而，中国学前教育的普及率和服务质量在不同地区之间存在差异。一些农村地区和经济欠发达地区的学前教育资源相对匮乏，缺乏合格的幼儿园和幼教人员。为了改善这一状况，政府已经采取措施，如增加公共学前教育资源的投入，提升幼儿园教师的专业水平，以及推动学前教育立法等。高中教育是连接义务教育和高等教育的桥梁。在中国，高中教育面临着教育资源分配不均、学校设施差异大、教学质量和升学率参差不齐等问题。特别是在农村地区和一些经济欠发达地区，高中教育的质量和普及程度有待提高。为了解决这些问题，政府正在通过增加高中阶段教育的财政投入、改善学校设施、提升教师素质和改革高中教育课程等措施，来提升高中教育的整体水平。虽然近年来，中国政府已经意识到这些问题，并采取了一系列措施来改善学前教育和高中阶段教育，但要想实现全面均衡发展，仍需要持续努力和政策支持。

中国的东部与中西部地区、城市与乡村之间的教育发展存在显著差距。中西部地区和农村地区在教育经费投入、师资水平、教师待遇和职业发展等方面仍存在发展滞后的问题。例如，乡村教师队伍整体呈现老龄化趋势，并且教师学科的专业知识相对缺乏、教学方法老旧。

（一）教育阶段的不平衡

学前教育和高中教育是教育体系中的短板。尽管学前教育的投入加大，但适龄儿童的毛入园率仍未达到理想水平。高中阶段教育在提升劳动力受教育水平方面面临挑战，特别是在经济不发达地区，如广西，普通高中面临学位不足和大班额的问题。

（二）群体间的不平衡

随着城镇化加速和社会转型，不同学习群体在分享社会公共教育资源时存在分配不平衡。例如，进城务工人员随迁子女和农村留守儿童在教育机会和条件方面面临挑战。

（三）校外教育市场进入调整转型期

自 2021 年 7 月 24 日中共中央办公厅、国务院办公厅发布《关于进一步减轻义务教育阶段学生作业负担和校外培训负担的意见》（即"双减"政策）以来，校外教育培训行业经历了明显的调整。这一政策旨在减轻学生作业负担和校外培训负担，对学科类培训行业监管力度空前，对行业内所有培训机构产生了巨大影响。"双减"政策实施后，各地市细化标准，明确学科类和非学科类培训的区别与边界，评估办学条件，对非合规机构进行整治，推动"双减"政策落地。随着政策稳定和线下授课场景的恢复，合规留存的存量机构受益于供需格局的优化，逐步恢复。同时，由于多省市将音乐、美术等艺术相关学科纳入中考及学生综合素质评价体系，学科培训规模大幅缩减，为素质教育市场腾出空间。

三、教育资源的分配不均

在中国，农村和贫困地区在教育资源的分配上确实存在不足。农村和贫困地区往往难以吸引和保留优秀教师，因为这些地区的生活条件和待遇相对较差。这也导致了这些地区的学校在教师质量和数量上与城市地区存在差距。农村和贫困地区的学校在基础设施、教学设备、图书资源等方面的投入不足，影响了教育质量和学生的学习体验。由于资源限制，农村和贫困地区的孩子在学前教育、高中教育和高等教育的机会上相对较少，这限制了他们的学习和发展潜力。

为了解决这些问题，中国政府增加了对农村和贫困地区教育的财政投入，用于改善学校设施、提升教师待遇和培训等。通过政策引导和激励措施，鼓励优秀教师到农村和贫困地区任教，同时利用现代信息技术，如远程教育，使这些地区的学校能够共享优质教育资源。对于特别贫困的地区，政府实施了特殊的教育支持政策，包括提供免费教科书、住宿补贴、营养餐等，以减轻家庭负担，保障学生受教育权利。由于地区间经济发展水平和历史遗留问题的差异，农村和贫困地区与城市地区在教育资源分配上的差距仍然存在。未来，需要持续的政策支持和全社会共同努力，才能进一步缩小差距。

四、教育竞争加剧和焦虑问题

在中国，家长和学生面临的升学压力和竞争确实导致了教育焦虑和心理问题。这种压力主要源于对高等教育入学机会的竞争，尤其是在高考这一关键节点上。为了获得更好的教育资源和未来的就业机会，学生和家长常常承受巨大的压力。

政府和社会各界已经认识到这些问题，并采取措施来缓解这种压力和焦虑。推动教育体制改革，提倡素质教育，减少应试教育的压力。这包括改革考试制度、课程内容和教学方法，以培养学生的创新能力和实践能力。在学校加强心理健康教育，提供心理咨询和辅导服务，帮助学生和家长应对压力和焦虑。推广职业教育和技能教育，提供更多样化的升学途径，减少对传统高考路线的依赖。通过媒体和公共活动，提高社会对教育压力和心理健康问题的认识，倡导更加健康和全面的教育观念。提供家庭教育指导服务，帮助家长建立正确的教育观念，减少对子女的过度期望和压力。尽管这些措施正在逐步实施，但要从根本上改变教育压力和焦虑的现状，还需要时间和社会各界的共同努力。教育是一个复杂的社会问题，涉及多方面的利益和观念，因此改革和调整需要持续和深入。

中国政府和教育部门正在采取多种措施来解决教育发展不均衡问题，包括政策调整、资源分配优化、教育质量提升等，以实现更加公平和高质量的教育体系。

第四节 国际教育的质量保障与评估体系的建设

国际教育的质量保障与评估体系的建设是确保教育质量和标准的重要手段。

对于提升教育机构的声誉、增强国际学生的学习体验，以及促进教育国际化都具有重要意义。

通过建立和实施质量保障与评估体系，教育机构能够展示其教育质量和服务的标准化水平，从而提升其在国内外教育市场的声誉和吸引力。国际学生往往期望获得高质量的教育体验。一个有效的质量保障与评估体系能够确保教育机构提供符合国际标准的教育服务，满足学生的学习需求和期望。质量保障与评估体系的建设有助于教育机构与国际教育标准接轨，提高其在国际教育合作与交流中的地位，从而促进教育国际化的发展。质量保障与评估体系通过对教育机构的持续监督和评估，促进教育质量的提高，确保教育机构能够提供符合国际标准和最佳实践的教育服务。通过质量保障与评估体系，教育机构能够确保其教育资源和服务公平地分配给所有学生，无论其背景如何。质量保障与评估体系的建设需要教育机构提供持续的专业发展机会，这有助于提升教师和员工的专业素养，进而提高教育质量。

一、质量保障与评估体系的含义

（一）质量标准制定

制定和实施国际认可的教育质量标准，确保教育机构的教学内容、教学方法、师资队伍和设施设备等方面达到国际水平。确定教育质量标准符合国际最佳实践，并得到国际认可。制定详细的质量保证政策，包括教学、师资、设施、管理等各个方面。

（二）认证与认证机构

建立认证机制，通过第三方认证机构对教育机构进行评估和认证，以证明其教育质量达到国际标准。选择合适的认证机构，如 ISO 9001 质量管理体系认证、美国新英格兰院校协会（NEASC）认证等。按照认证机构的要求准备相关文件和证据，包括政策、流程、学生反馈等。接受认证机构的现场审核，并根据审核结果进行必要的改进。

（三）内部质量保证体系

教育机构内部建立质量保证体系，包括定期的内部审核、质量改进计划、教师和员工培训等，以确保教育质量的持续改进。建立内部质量保证团队，负责监督和评估教育质量。制定内部审核流程，定期对教学活动、课程内容、师资队伍等进行评估。建立质量改进机制，对发现的问题进行分析和解决，确保持续改进。

（四）学生反馈与评估

鼓励学生反馈，通过学生满意度调查、课程评估和毕业后的跟踪调查等手段，收集学生对教育质量的评价和反馈。定期进行学生满意度调查，收集学生对教学质量、课程内容、学习支持等方面的反馈。分析学生反馈，识别需要改进的领域，并采取措施进行改进。

（五）国际合作与交流

通过国际合作与交流，学习借鉴国际先进的教育理念和质量保证体系，提高自身的国际竞争力。与国际教育机构建立合作关系，开展教师交流、学生交换、联合研究等项目。学习借鉴国际先进的教育理念和质量保证体系，提高自身的国际竞争力。

（六）持续改进与创新

教育机构应不断进行教育质量的持续改进和创新，以适应国际教育市场的变化和发展。定期审查和更新质量保证政策和流程，以适应教育市场的变化和发展。鼓励教师进行教学方法的创新，以提高教育质量。

为了建设国际教育的质量保障与评估体系，政府应制定相关政策，鼓励和支持教育机构建立和实施质量保障与评估体系。教育机构应投入足够的资源，包括人力、财力和物力，以确保质量保障与评估体系的有效运行。为教师提供质量保证与评估方面的培训，提高他们对教育质量的认识和能力。鼓励学生参与质量保障与评估过程，包括提供反馈和建议。建立社会监督机制，包括媒体、家长和社会团体等，对教育质量进行监督和评价。

二、国际教育评估体系的建设

国际教育评估体系的建设是一个复杂而系统的过程，涉及多个层面和维度。

首先需要明确评估的目的是为了提高教育质量、促进学生学习、满足认证要求还是其他目的。根据评估目的，制定一系列具体的评估标准，这些标准应该能够反映国际教育质量的要求和最佳实践。开发或选择合适的评估工具，如问卷调查、测试、访谈、观察等，以确保评估过程的客观性和有效性。按照既定的评估标准和方法，对教育机构、教师、学生等进行评估，收集相关的数据和信息。对收集到的数据和信息进行分析，识别优势和不足，为教育改进提供依据。将评估结果反馈给相关利益方，如教育机构、教师和学生，并鼓励他们根据评估结果进行改进。建立持续监测机制，定期对教育质量进行评估，并根据评估结果调整评估标准和工具。

建设国际教育评估体系的教育机构措施如下：

①政策支持：政府应制定相关政策，鼓励和支持教育机构建立和实施评估体系。

②资源投入：教育机构应投入足够的资源，包括人力、财力和物力，以确保评估体系的有效运行。

③教师培训：为教师提供评估方面的培训，提高他们对评估的认识和能力。

④学生参与：鼓励学生参与评估过程，包括提供反馈和建议。

⑤社会监督：建立社会监督机制，包括媒体、家长和社会团体等，对教育质量进行监督和评价。

通过这些措施，教育机构可以建立有效的评估体系，提升教育质量，为国际学生的学习提供更好的保障，促进国际教育的发展。

三、国际教育评估体系建设案例

（一）国际教育项目评估的理论与案例分析

2010 年，孟鸿伟在清华大学教育研究院的"比较教育讲座"之《国际教育项目评估的理论与案例分析》的讲座中，围绕国际教育项目监测与评估的主题，结合自己亲身参与的中英甘肃基础教育项目和西南基础教育项目，详细讲述了项目评估的目的、准备、执行、任务、结果、方法、重点、指标、注意事项等要素和环节。这些案例展示了如何从理论到实践开展国际教育项目评估，并为项目研究提供了宝贵的经验和启示。

（二）国际数学和科学趋势研究（TIMSS）案例分析

TIMSS 是一个国际性的基础教育评价项目，专注于数学和科学的测试。通过对 TIMSS 的研究，可以了解国际大型教育评价项目的特征、运作、发展等。例如，TIMSS2011 数学测试和科学测试评价框架的维度划分和占比情况，以及施测情况及结果分析。此外，研究还探讨了哪些因素与学生的数学和科学学业成就相关，例如，家庭资源保障、学校资源保障、学校学习氛围、教师的教学准备程度等。

这些案例分析展示了国际教育评估体系在不同情境下的应用和影响，以及如何通过具体案例来理解和实施国际教育评估。

四、国际教育评估体系的具体案例

（一）欧洲高等教育质量保证体系

欧洲高等教育质量保证体系是在 20 世纪 80 年代随着欧洲政治经济一体化和博洛尼亚进程的推进而发展起来的。这一体系旨在为欧洲高等教育区（European Higher Education Area，EHEA）的质量保障活动提供统一的参考框架和标准，从而促进 EHEA 的透明性和流动性。

ESG2005 是这一体系的一个关键文件，由欧洲高等教育质量保障协会（European Association for Quality Assurance in Higher Education，ENQA）及其他"E4 集团"的成员于 2005 年联合起草并发布。ESG2005 包括基本介绍、欧洲高等教育质量保障标准和指南、质量保障机构同行评议模式、未来的观点和挑战四个部分。其不仅包含欧洲高等教育区内外部质量保障的标准和指南，还在第三部分提出了建立基于国家审查的欧洲高等教育质量保障机构注册局的设想。

ESG2005 的实施促进了欧洲高等教育质量活动的开展，并成为欧洲高等教育区质量保障的基石。为了增强其适用性，ENQA 于 2015 年对 ESG2005 进行了修订，形成了 ESG2015。

ESG 的标准包括内部质量保障的十项标准，如质量保障体系、专业设置与审批、以学生为中心的学习、教学与评价、学生入学、成长及毕业、师资队伍、学习资源和学生支持、信息管理、公共信息、持续质量监控和定期审核、周期性外部质量保障等。

此外，欧洲高等教育质量保证体系具有组织架构完善、法律法规基础厚实、相关政策和制度工具透明度高及可持续性强等特点，确保了质量保障工作的科学布局与有效实施，使质量保障工作真正成为推进欧洲高等教育一体化进程的"引导剂"与"指挥棒"。

（二）美国高等教育认证委员会

该机构负责对美国的高等教育机构进行认证，确保其教育质量达到国家标准。主要评估标准包括教育目标、课程内容、师资队伍、设施设备等。评估机构包括地区认证机构（如新英格兰院校协会）和专业认证机构。

美国高等教育认证委员会（CHEA）是美国教育部高等教育认证和质量保证的国家组织。CHEA 是由美国 20 多所被教育部认证的学院和大学共同组建的协会，被教育部授权，负责认可其他同类机构和组织。CHEA 是教育部的国际权威机构，也是教育部所属的一个国际论坛，供认证组织机构之间进行交流。CHEA 的认证确保了高等教育机构的教学水平达到规范标准，使得这些机构颁发的学位证书或文凭证书能获得社会的广泛认可。

美国的高等教育认证体系与中国不同，实行由政府部门负责学校"注册"事务，由民间行业协会进行"认证"事务。美国教育部不直接认证大学，而是通过认可的认证机构来间接实现对高校的管理与监督。美国现有高等教育认证机构83个，可分为三类：区域性认证组织、全国性认证组织和高校专业性认证机构。这些认证机构负责规范各个高校的学术质量。

美国高等教育认证的目的是确保高等教育机构的教学水平达到规范标准。认证的实质是在政府监督下的同行评议，基于同行的评估，遵守准则，每5至10年需自愿提交资格评估重审。认证的类型分为两种：大学认证和"专门"认证或称为"项目"认证。大学认证指对大学进行整体认证，而专门认证是指对大学的某一个学院、系或者某个专业、课题研究项目进行认证。

（三）国际学校认证体系

该体系为国际学生提供了一套标准化的课程和评估方法，旨在培养具有国际视野和创新能力的人才。主要评估标准包括课程内容、教学方法、学生评估和认证过程等。评估机构是国际学校认证组织，负责对国际学校的教学质量进行认证。

国际学校认证体系是一个复杂且全面的体系，是为了确保国际学校的教育质量和标准达到国际水平。这个体系涵盖多个认证机构和标准，其中包括教育部、教委授权批准、各种考试委员会授权，以及各种国际教育认证机构。

教育部、教委授权批准主要涉及国际学校是否具有办学资质，如学校的牌照和办学许可证等。考试委员会授权则主要关注学校是否有正规的课程授课资质，例如IBO（国际文凭组织）、CAIE（剑桥国际考试局）和College Board（美国大学理事会）等。

国际教育认证机构，如CIS(Council of International Schools)、WASC(Western Association of Schools and Colleges)和Cognia，是国际学校领域最权威的第三方

认证机构和授权机构之一。这些认证机构对学校进行全面评估，包括学校管理、社区联结度、师资、课程、环境、氛围、领导力、学生幸福感等方面，以确保学校的教育质量达到国际标准。

例如，CIS 认证着重于全球公民意识教育，WASC 认证看重学术成果，而 Cognia 认证则侧重于学校资源支持等方面。这些认证对于国际学校的教学质量、学生发展和未来升学都具有重要意义。

在中国，获得 Cognia 认证的国际化学校数量最多，增长最快，主要以民办国际化学校为主。而获得 WASC 认证的学校主要集中在北京、上海和广州等地区，其中外籍人员子女学校获得认证的数量最多。NEASC 认证的国际化学校均为外籍人员子女学校，且学校办学历史较久。

需要注意的是，这些认证并不是强制性的，国际学校需要自愿申请。学校愿意申请这些认证，是因为认证可以提高学校的质量、信誉、生源和经济效益，同时也有利于学生未来的升学申请。

在选择国际学校时，考察学校的国际认证资质只是众多维度中的一项，还需要考虑课程体系、升学成果、校园管理、师资背景、教学理念、硬件设施等多个因素。

（四）英国高等教育质量保证体系

该机构负责对英国的高等教育机构进行质量保证和质量改进。主要评估标准包括教育目标、课程内容、师资队伍、设施设备等。评估机构是英国高等教育质量保证局（Quality Assurance Agency, QAA）。

英国高等教育质量保证体系是一个经过长期发展和完善的过程，其历史可以追溯到 20 世纪 60 年代。这一体系经历了从学校内部自律的质量保障到外部统一评估监管，再到回归学校内部质量保障机制的阶段。英国的一些古老学府，如剑桥大学和牛津大学，在过去一直采用校内自治方式，自主管理高校事务，这是最早的内部质量保障体系。

随着经济问题的凸显和高等教育大众化进程的加快，高等教育出现经费不足的问题，严重影响了大学的教育质量。为了解决这一问题，英国政府于 1997 年将质量评估委员会和高等教育质量保障委员会合并成立了高等教育质量保证局（QAA）。QAA 的成立是英国高等教育质量保障体系发展中取得的一个重要成果。

英国的高等教育质量保障体系由三部分组成：内部质量保障体系、外部质量保障体系和社会及新闻媒体监督。内部质量保障体系指的是高校自身对教育质量的考核与监督，通过构建全面的质量管理制度、设置机构和管理人员、开展学校和学科自评三种方式进行质量控制。外部质量保障体系由政府、高等教育质量保障局，以及高等教育基金委员会来监督，其中政府主要通过立法拨款等方式间接参与高等教育管理。社会和新闻媒体对高等教育质量的监督作用也日益凸显，如《泰晤士报》《金融时报》等大众媒体，以及《泰晤士高等教育》定期发布的大学排名。

近年来，英国已将学生体验调查作为高等教育质量保障新体系的重要组成部分，强调通过学校和学生的互动来保障和提升高等教育质量。高等教育基金委员会于 2016 年提出了一个新的质量评估操作模型，其核心环节包括建立高等教育体系的单一准入途径、针对新成员加强监管和审查的发展阶段、取消周期性的同行评审，转为将高等教育机构自己设定的年度审查作为质量保障的关键机制，以及在完成日常监控的同时，提出处理严重问题的方法。

通过这些案例，可以看出国际教育评估体系的建设需要考虑教育机构的性质、评估的目的和标准等因素。教育机构可以根据自身的特点和需求，选择合适的评估标准和机构，以提高教育质量，为国际学生的学习提供更好的保障。

第七章 国际教育未来交流趋势

第一节 国际教育合作交流的发展方向预测

随着人工智能、量子通信、物联网等技术的快速发展，国际教育正面临一个新阶段。这要求教育国际发展不仅要深化创新驱动发展的理念，还要强调以问题为导向的理念，包括绿色与可持续发展、流行疫病、网络科技陷阱等非传统发展议题。

中国政府持续完善教育对外开放政策，以顶层设计为先导，强化政策的引领作用。例如，《关于做好新时期教育对外开放工作的若干意见》和《推进共建"一带一路"教育行动》等政策文件的出台，旨在构建更全方位、更宽领域、更多层次、更加主动的教育对外开放局面。中国坚持以共建"一带一路"教育行动为支点，推动教育对外开放新格局的形成。这包括与共建国家在教育领域的互联互通，以及教育合作交流的广度和深度的增进。国际教育合作交流的重心和成效集中在人才培养上。中国积极推动与其他国家的学历学位互认、标准互通、经验互鉴，以及发展出国留学教育和来华留学教育质量保障机制。中国积极参与全球教育治理，如联合国教科文组织、二十国集团、金砖国家等多边机制框架下的教育合作，以及国际公共产品的提供。

一、教育国际化

教育国际化是全球化时代的必然过程，也是提高质量和相关性的深思熟虑的必然选择。社会发展已步入新的阶段，以人工智能、量子通信、物联网等技术为代表的第四次工业革命阶段。这要求国际教育合作交流深化创新驱动发展理念，强调以问题为导向，包括绿色与可持续发展、流行疫病、网络科技陷阱等非传统发展议题。当前世界进入一个国际格局和力量对比加速变化的时期，全球治理体系深刻重塑。这要求国际教育合作交流在构建人类命运共同体中发挥作用，培养能担当有责任、能自觉有自信、能协作有沟通的人才，并通过教育系统的交流与协作，探索共同解决全球问题的路径。

国际教育合作交流的发展将更加关注全球性挑战，如气候变化、生物多样性、人类健康，以及如何通过教育合作解决这些问题等。教育合作将成为推动构建人类命运共同体的重要途径。随着全球化的推进，教育国际化不仅是全球化的必然过程，也是提高教育质量和相关性的重要选择。这包括推动学生和教师的跨国流动、加强国际间的学术交流与合作，以及提高教育的国际视野和能力。近年来，中国积极开展教育国际交流，包括中外合作办学，在不同培养层次和学位课程开展合作。此外，中国也积极推动中国教育走出去，深化教育合作，扩大教育海外"朋友圈"。新冠疫情的全球蔓延及紧张的国际局势给国际教育带来了巨大的冲击。教育是促进人类进步和民族振兴的基石，也是构建人类命运共同体的牢固纽带。全球教育精英、政府、企业及社会各界代表将深入探讨新形势下教育国际合作的发展方向，共商国际教育发展大计，描绘全球教育未来蓝图。当今世界正经历百年未有之大变局，人类社会处在大发展大变革大调整时代。新一轮科技革命和产业变革突飞猛进，为全球教育创造了新的合作机遇，特别是数字技术发展日新月异，为教育和人类的未来提供了无限可能。

二、教育数字化

随着技术的发展，教育将更加注重数字化和终身学习。这意味着教育模式将更加灵活，能够适应快速变化的世界，并帮助学习者持续发展所需的技能和知识。数字技术正深刻改变着教育领域，全球教育面临严峻的挑战和学习危机，因此迫切需要教育变革。这包括加强政策对话沟通、推动基础设施联通、推进数字资源共享、加强融合应用交流、开展能力建设合作，以及建立健全合作机制等方面。随着技术的发展，终身学习成为一个重要的发展方向。这涉及利用数字技术建设学习型社会和学习型大国，以及通过国际合作共同构建开放共享、平等互利、健康安全的全球数字教育生态。国际合作是全球教育变革特别是数字化变革的重要驱动力。为了构建全球数字教育命运共同体，各国需要共同关注解决数字教育发展中青年面临的问题，并充分激发青年创新创造潜能。技术迅速迭代与数据规模暴增，个人隐私和数据安全风险加剧。因此，在推动教育数字化发展的同时，也需要关注数据安全与隐私保护，推进网络空间国际治理体系建设。

三、中国国际教育合作交流的发展方向

（一）教育强国建设规划纲要

中国正致力于建设教育强国，这涉及长期规划和战略纲领，以 2050 年将中国建设成为富强民主文明和谐美丽的社会主义现代化强国为目标。这一目标在 2019 年 2 月《中国教育现代化 2035》中得到了体现，该文件由中共中央、国务院印发，提出了推进教育现代化的指导思想和战略任务。

（二）提升高等教育服务高质量发展能力

根据《中国教育现代化 2035》的指导思想，中国的高等教育正聚焦于通过深化体制机制创新，激发高校的改革发展内生动力，解决高等教育高质量发展的重大问题，提升高校的战略人才培养能力、支撑高水平自立自强的能力，以及服务国家区域高质量发展的能力。加强战略紧缺和新兴交叉领域的拔尖创新人才培养，构建科教融汇协同育人机制，提升基础学科拔尖创新人才的自主培养能力。实施"101 计划"，全面推进教育教学改革，包括基础学科和关键领域的核心课

程建设。强化交叉融合，深入推进新工科、新医科、新农科、新文科建设，引领高等教育提质创新发展。加快高等教育数字化转型，打造高等教育教学新形态，加强国家高等教育智慧教育平台建设。发展大学生文化素质教育，深入挖掘各类专业课程和教学方式中的思想政治教育资源。

（三）推进县域基础教育学校建设

重点要提升学校教学生活和安全保障条件，加强校园文化环境建设，促进县域内基本公共教育服务优质均衡发展。根据 2023 年《关于构建优质均衡的基本公共教育服务体系的意见》，政府强调提升义务教育学校的办学条件、师资队伍、经费投入和治理体系，以适应教育强国的需求。到 2035 年，预计绝大多数县（市、区、旗）域的义务教育将实现优质均衡，确保适龄学生享有公平优质的基本公共教育服务。通过推进学校建设标准化，加快缩小区域教育差距，并实施义务教育学校标准化建设工程，改善学校教学生活和安全保障条件，加强校园文化环境建设。以推进师资配置均衡化为重点，加快缩小校际办学质量差距，实施校长教师有序交流轮岗行动计划，推动优秀校长和骨干教师向乡村学校、办学条件薄弱学校流动。全面推进义务教育免试就近入学和公办民办学校同步招生政策，确保不同群体适龄儿童平等接受义务教育。

（四）高质量实施教育对外开放

中国正努力增强教育国际竞争力和话语权，大力推进中外青少年交流和高水平大学国际合作，以及全球教育治理和共建"一带一路"教育国际合作。首先，中国在推进教育现代化过程中，高度重视教育对外开放。2024 年，教育部强调了高质量实施教育对外开放的重要性，包括加强中外青少年交流和高水平大学国际合作，以及推进全球教育治理和共建"一带一路"教育国际合作。其次，中国积极参与全球教育治理，努力成为世界重要教育中心。这包括加强"留学中国"品牌建设，通过多种方式参与全球教育治理，如融入国际组织教育项目、参与全球教育重要议程设置、制定国际教育规则与标准等。

中国教育国际影响力不断增强，这得益于持续的教育对外开放和政策支持。自党的十八大以来，中国教育国际合作交流水平全面提升，形成了更全方位、更宽领域、更多层次、更加主动的教育对外开放局面。

（五）数字教育合作

随着科技革命和产业革命的深入发展，数字化转型已成为全球教育界的共识。中国高度重视教育数字化，并推动数字教育高质量发展，加强数字教育对话合作。中国教育部与世界各国合作，共同推动教育数字化的发展。例如，中国教育部与中国联合国教科文组织全国委员会共同举办了世界数字教育大会，旨在加强数字教育政策对话和深化务实合作。中国致力于推广数字教育应用，包括在课程开发、教育教学应用创新方面的合作，以及探索数字时代人才培养新方式和教育治理新模式。中国建立了国家智慧教育公共服务平台，连接了大量的学校和用户，提供了丰富的数字教育资源，并支持了教育核心任务，如高校毕业生就业、教师专业发展等。中国通过教育数字化工作，促进教育公平，提升教育质量，并加快推进教育现代化，努力让每个孩子都能享有公平且有质量的教育。

（六）国际教育的变革与重塑

2024年北京师范大学珠海校区举办的京师凤凰论坛，聚焦于"国际教育的变革与重塑"这一主题，探讨了数字技术、教育公平与可持续发展等议题。论坛吸引了多位专家学者和业界领袖参与，共同探讨了国际教育领域的热点问题和发展趋势。在论坛中，专家们就国际教育的变革与重塑进行了深入讨论。例如，讨论了数字技术如何影响教育，以及如何利用这些技术促进教育公平和可持续发展。同时，也探讨了如何通过创新的教育模式和教学方法，提升教育质量和效果。此外，论坛还涉及了如何在全球化背景下，推进国际教育的发展。这包括加强国际合作与交流，提升中国教育的国际竞争力和话语权，以及如何更好地服务于国家的重大战略需求和社会经济发展。

这些方向表明，未来国际教育合作交流将更加注重教育质量的提升、技术的应用，以及本土与全球化的融合。

四、全球数字化对国际教育合作交流的影响

（一）远程教育与合作

数字化工作的兴起使得远程教育变得更加普遍和高效。国际教育合作项目可以通过在线平台进行，这不仅打破了地理界限，还使得教育资源能够共享。学生和教师可以跨越国界进行学习和合作，从而促进国际经验的交流和知识的共享。

国际教育合作项目利用在线平台，如视频会议软件、在线学习管理系统和教育协作工具，使学生和教师能够跨越国界进行实时互动和交流。这种虚拟的课堂环境既节省了时间和交通成本，又为不同国家和地区的学习者提供了一个平等的学习机会。在线平台上的教育资源共享包括高质量的在线课程、电子教材、开放教育资源（OER）、虚拟实验室、在线研讨会和网络论坛等。这些资源的使用，不仅使学生能够接触到来自世界各地的优质教育资源，也为他们提供了自主学习和探究的机会。通过国际教育合作项目，学生和教师可以共同参与国际研究项目、文化交流活动和国际竞赛等。这种跨文化的合作和交流，能够促进国际经验交流和知识共享，能够培养学生的全球视野和跨文化沟通能力，还能够促进不同文化背景下的教育机构和学生之间的交流与理解。通过在线平台，学生和教师可以相互学习，分享各自的文化背景和经验，从而增进相互之间的理解和尊重。

总的来说，数字化工作的兴起使得远程教育变得更加普遍和高效。这种教育模式为学生和教师提供了前所未有的学习和合作机会，为构建一个更加开放和包容的全球教育环境做出了重要贡献。

（二）技能培养的调整

随着数字化工作的增加，对于员工的技能需求也在变化。在国际教育合作交流中，越来越多地注重培养与数字化工作相关的技能，如数据分析、远程协作、数字通信等。这要求教育机构更新课程内容，以适应新的工作环境。教育机构在

培养未来的全球公民和职场人才时，越来越注重与数字化工作相关的技能。在当今数据驱动时代，数据分析技能对于解决复杂问题、做出明智决策至关重要。教育机构通过开设数据科学、统计学和商业智能等课程，帮助学生掌握数据分析的基本原理和工具，如 Excel、Python、R 语言等，使他们能够从大量数据中提取有价值的信息。远程工作已成为常态，远程协作技能对于团队合作十分重要。教育机构通过提供远程工作指导、虚拟团队建设活动和在线协作工具的使用培训，帮助学生掌握远程沟通和协作技巧，包括视频会议、项目管理软件和即时消息工具等。在数字化时代，有效的数字通信对于建立良好的职业关系特别重要。教育机构通过教授学生如何撰写专业的电子邮件、社交媒体策略和在线交流的最佳实践，帮助他们建立强大的数字沟通技巧，以适应全球化的工作环境。随着网络安全威胁的增加，对于能够保护信息和数据的专业人员的需求也在增长。教育机构通过提供网络安全课程，帮助学生了解网络安全的基本概念，包括加密、身份验证、防火墙和入侵检测系统等，使他们能够识别和应对潜在的安全威胁。编程和软件开发技能对于创新和技术发展也很重要。教育机构通过提供编程语言（如 Java、Python、C++）和软件开发框架的课程，帮助学生掌握编写代码和开发应用程序的技能，使他们能够参与技术项目的开发和实施。

（三）跨文化能力的提升

在数字化工作环境中，不同国家和地区之间的交流与合作日益频繁，这使得跨文化沟通能力变得尤为重要。国际教育合作交流通过促进不同文化背景学生之间的互动，帮助学生培养跨文化理解和沟通能力，这有利于他们在全球化的工作环境中取得成功。

首先，国际教育合作交流项目通常会吸引来自不同国家和地区的学生。在这些项目中，学生有机会与来自不同文化背景的同学一起学习和生活，通过日常交流和团队合作，他们可以更加深入地了解和尊重其他文化的习俗、价值观和思维方式。其次，国际教育合作交流项目通常会设置跨文化沟通课程和活动，教授学生如何有效地与来自不同文化背景的人进行交流。这些课程和活动会教授学生如何跨越文化障碍，使用恰当的语言和行为方式，以及如何处理文化差异带来的挑战。此外，国际教育合作交流项目还会提供国际实习和交流的机会，使学生能够亲身体验跨文化的工作环境。在这些实践中，学生可以将跨文化沟通能力应用到实际工作中，从而更加深入地理解和适应不同文化的工作环境。

（四）教育资源的共享与开放

数字化工作环境鼓励教育资源共享和开放。国际教育合作交流项目可以通过在线平台共享教育资源，如开放课程、在线研讨会、虚拟实验室等，这使得教育更加平等和普及。

开放课程（Open Course Ware, OCW）提供了一个平台，使世界各地的学习者可以免费访问和利用来自世界各地大学的课程内容。这些课程包括讲义、视频、作业和考试等，使学习者能够根据自己的兴趣和需求选择课程，从而拓宽学习者的知识视野。在线研讨会为学习者提供了一个交流和分享知识的机会。教育机构通过组织国际研讨会、讲座和网络研讨会，使来自不同国家和地区的学习者能够聚集在一起，分享研究成果、交流学习经验和探讨学术问题。虚拟实验室为学习者提供了一个在线实验平台，使他们能够在没有实际设备的情况下进行实验。教育机构通过开发虚拟实验室，使学习者能够进行实验操作、观察实验现象和分析实验结果，从而提高学习者的实践能力和科学素养。在线图书馆和数据库为学习者提供了一个丰富的知识资源库。教育机构通过与图书馆和数据库合作，使学习者能够访问大量的电子书籍、期刊文章、研究报告等，从而提高学习者的学术研究能力。在线学习社区和论坛为学习者提供一个交流和合作的机会。教育机构通过建立在线学习社区和论坛，使学习者能够与其他学习者、教师和专家进行交流和合作，共同探讨学习问题、分享学习经验和提供学习支持。

通过这些在线平台，国际教育合作交流项目实现了教育资源的共享和开放，使教育更加平等和普及。这有助于提高学习者的知识水平和技能，也为教育公平和终身学习提供了支持，还为教育机构提供了一个拓展国际视野、促进文化交流和提高教育质量的机会。

（五）教育与就业市场的紧密联系

随着数字化工作的增长，教育和就业市场之间的联系变得更加紧密。国际教育合作交流项目需要更加关注就业市场的变化，及时调整教育内容和教学方法，以确保学生能够适应未来工作的需求。

首先，国际教育合作交流项目需要了解就业市场的最新动态和趋势，以便为学生提供符合市场需求的教育。例如，随着人工智能、大数据和云计算等领域的快速发展，相关技术技能的需求也在不断增长。因此，项目需要增加相关领域的课程和实践活动，以培养学生的技术技能和应用能力。其次，国际教育合作交流项目需要注重培养学生的创新能力和批判性思维。在数字化工作环境中，解决问题和创新思维能力是关键。因此，项目需要设计创新性的课程和实践活动，鼓励学生思考和解决问题，培养他们的创新意识和批判性思维能力。此外，国际教育合作交流项目还需要加强学生的软技能培养，如沟通、团队合作、领导力和项目管理等。这些技能在数字化工作环境中同样重要，可以帮助学生更好地适应复杂的工作环境，并与来自不同背景的人合作。最后，国际教育合作交流项目需要加强学生的职业规划和发展指导。通过提供职业咨询、实习机会和就业指导等服务，可以帮助学生更好地了解自己的职业兴趣和发展方向，从而更好地适应未来的工作需求。

（六）终身学习的推广

数字化工作的快速变化要求员工不断更新知识和技能。为了应对这一挑战，国际教育合作交流项目可以推广终身学习的理念，提供持续教育和职业发展的机会，帮助个人适应不断变化的工作环境。

首先，国际教育合作交流项目强调终身学习的重要性，鼓励学生和员工不断追求知识和技能的提升。通过开展定期的培训和研讨会，国际教育合作交流项目可以帮助他们了解最新的行业动态和技术发展趋势，从而保持自身的竞争力。其次，国际教育合作交流项目可以提供多样化的学习资源，如在线课程、虚拟实验室和行业案例研究等，以满足不同学习者的需求。这些资源能够帮助他们学习新技能，并将其应用于实际工作中，提高工作效率和质量。再次，国际教育合作交流项目可以加强校企合作，为学生和员工提供实习和就业机会。通过与行业合作伙伴的合作，帮助学生和员工了解实际工作环境，并在实践中提升自己的能力。还可以提供职业发展指导，帮助学生和员工规划自己的职业道路，并为他们提供必要的支持和资源。这包括提供职业咨询、简历撰写和面试技巧等方面的指导，帮助他们更好地适应不断变化的工作环境。最后，国际教育合作交流项目可以鼓励学生和员工参与国际交流和合作项目，以拓宽他们的视野和提高跨文化沟通能力。通过与来自不同国家和地区的合作伙伴互动，他们可以学习不同的思维方式和解决问题的方法，从而更好地适应全球化的工作环境。

全球数字化工作的兴起不仅改变了工作的本质，而且对国际教育合作交流提出了新的要求和挑战。教育机构需要适应这些变化，通过更新教育内容、教学方法和技术应用，为未来的数字化工作环境培养适应性强的国际人才。

第二节　国际教育中的科研合作与交流

国际教育中科研合作与交流能够将不同国家和地区的科研资源、技术和人才结合起来，促进知识的传播和创新。通过合作，研究人员可以共同解决复杂的问题，推动科学技术的发展；帮助教育机构获得国际先进的科研资源和技术，提升自身的科研水平。同时，研究人员可以通过合作项目接触到不同的研究方法和思维方式，从而提升个人的研究能力；为研究人员提供跨文化交流和合作的机会，有助于培养具有全球胜任力的人才。这些人才能够在国际环境中有效工作和交流，为全球科研创新和发展作出贡献。这有助于不同国家和地区的研究人员建立合作关系，增进相互了解和信任；有助于推动国际合作，解决全球性问题，如气候变化、公共卫生健康等。能够促进新技术和新产品的研发，为经济发展提供动力。

国际科研合作还能够促进人才流动，吸引国际优秀人才到合作国家工作和生活，推动当地的经济发展。

国际教育中科研合作与交流对于推动全球科研创新、培养高素质人才、增进国际合作和理解，以及促进经济发展具有重要意义。通过加强科研合作与交流，可以促进不同国家和地区在科研领域的共同发展，为人类社会的进步作出贡献。

一、国际教育科研合作与交流的方式

国际教育中的科研合作与交流可以通过多种方式实现，包括建立国际合作基地和智库、开展高水平学术交流、建立国际科研合作平台、推动研究生国际化培养等。

（一）建立国际合作基地和智库

清华大学实施了"国际化能力提升计划"（简称"2020计划"），通过这个计划，清华大学不断拓展全球合作伙伴关系，建设了一批国际科研合作基地和智库。这些合作基地和智库致力于在基础科学、技术、工程等重点领域建立全球性跨学科、跨文化、跨学界交叉研究中心，并积极参与国际大科学研究和国家级重大问题研究。

清华大学实施的"2020计划"是一个旨在推动国际化发展和提升科研实力的战略计划。通过这个计划，清华大学不断拓展其全球合作伙伴关系，与世界各地的顶尖教育机构和研究机构建立了紧密的合作网络。这些合作伙伴关系的建立，为清华大学提供了丰富的国际合作机会和资源，有助于推动其在国际科研领域的发展。

这些国际科研合作基地和智库吸引了来自世界各地的优秀学者和研究团队，共同开展高水平的研究工作。通过举办国际学术会议、研讨会和讲座等活动，促进不同国家和地区的研究人员之间的交流和合作，从而推动前沿科学研究的进展。

这些基地和智库还积极参与国际大科学研究和国家级重大问题研究，为解决全球性科学问题提供智力支持和解决方案。其研究成果在国际上具有较高的影响力和认可度，为清华大学在国际科研领域树立了良好的声誉。

总的来说，"2020 计划"的实施，使清华大学在全球科研合作与交流方面取得了显著成就。通过建设国际科研合作基地和智库，清华大学不仅提升了自身的科研实力和国际影响力，也为全球科研创新和学术交流作出了重要贡献。

（二）开展高水平学术交流

清华大学重视搭建高水平涉外科研合作平台，围绕重点学科方向建立国际化科研合作平台。这些平台不仅支持了研究生同学参与高水平科研，还为他们提供了海外科研实践机会。

清华大学积极参与国际合作研究项目，与全球知名高校和研究机构共同开展前沿科学研究，共同解决全球性科学问题。清华大学与国外高校和研究机构共同建立联合实验室和研究中心，共同开展高水平的科学研究，促进技术创新和应用。清华大学定期举办国际学术会议、研讨会和讲座，邀请国际知名学者和专家来校交流，分享最新的研究成果和学术观点。清华大学积极推动国际学生和教师交流项目，鼓励学生和教师出国访问学习，提升国际化视野和跨文化沟通能力。

（三）建立国际科研合作平台

清华大学与德国亚琛工业大学、加拿大阿尔伯塔大学、美国麻省理工学院、英国帝国理工学院等世界知名高校建立了联合实验室，并推动了跨学科交叉科研合作和人才培养。这些合作项目加强了清华大学与国外顶尖高校之间的学术交流，并促进了科技创新和人才培养。

在联合实验室中，清华大学与这些高校的研究人员共同开展高水平的科学研究，推动技术创新和应用。这些实验室配备了先进的科研设备和技术，为研究人员提供了良好的研究环境。通过共同开展科研项目，研究人员能够分享最新的研究成果和学术观点，从而促进跨学科交叉科研合作。

不仅如此，这些合作项目在人才培养方面也成效斐然。清华大学协同国外高校共同拟定人才培养规划，为学生创造了国际化的学习与研究契机。学生得以参与国际科研项目，与国外高校的研究人员展开深入交流合作，有效拓展了国际化视野并提升了跨文化沟通能力。合作项目还为学生提供了海外学习与实习的宝贵机会，助力他们更好地融入国际工作环境中。

通过与这些国外高校的联合实验室和人才培养合作，清华大学提升了自身的科研水平和影响力，并且为全球科研创新和学术交流做出了积极贡献。这些合作项目也为学生和教师提供了宝贵的学习和研究机会，促进了国际教育的发展。清华大学在国际科研合作与交流方面的努力，展现了其作为一所顶尖学府的责任感和使命感，为全球教育界树立了榜样。

（四）推动研究生国际化培养

清华大学在国际教育领域，特别是在研究生培养方面，表现出了高度的重视和积极的态度。通过大力推动研究生国际化培养，清华大学与亚洲、欧洲、北美洲、大洋洲的 30 余所知名高校建立了研究生联合培养机制，为研究生提供了国际化的学习和研究机会。

这些研究生联合培养机制包括双授联授研究生学位项目和全英文研究生学位项目。双授联授研究生学位项目允许研究生在清华大学和国外高校之间进行学习，并获得两所学校的学位。全英文研究生学位项目则提供全英文教学环境，使研究生能够在全球范围内获得国际认可的学位。

通过这些项目，研究生能够参与国际科研项目，与国外高校的研究人员进行交流和合作，提升国际化视野和跨文化沟通能力。同时，这些项目也为研究生提供了海外学习和实习的机会，帮助他们更好地适应国际工作环境。

通过这些措施，清华大学不仅提升了自身的研究生培养水平和影响力，还为全球科研创新和学术交流做出了积极贡献。这些合作项目也为研究生和教师提供了宝贵的学习和研究机会，促进了国际教育的发展。清华大学在国际研究生培养方面的努力，展现了其作为一所顶尖学府的责任感和使命感，为全球教育界树立了榜样。

二、科研合作与交流案例

在国际教育领域，科研合作与交流正变得越来越重要。北京大学和清华大学作为中国顶尖高等学府，在这方面都作出了显著的贡献和示范。北京大学与世界70多个国家和地区的近400所大学及研究机构建立了交流关系，并与其他80多所世界知名大学保持紧密合作。他们不仅建立了国际合作项目，如中俄数学中心、中国—东盟高校医学联盟等，还与联合国教科文组织合作，推动"非洲女童健康教育"项目。北京大学还积极引进国际人才，建立了多个国际化的科研平台，如与哈佛大学合作的数字人文研究中心。

北京大学在国际教育中的科研合作与交流方面取得了显著成就。过去五年，北京大学不断加快和扩大教育对外开放，全面深化改革，完善顶层设计，加强国际培养，优化引智平台，推进科研合作，参与全球治理，抗击新冠疫情，教育对外开放工作取得了丰硕成果。

北京大学通过与莫斯科国立大学联合建立中俄数学中心，开展前沿科学研究。同时，牵头成立中国—东盟高校医学联盟，推动中国与东盟国家医学院校和医疗卫生机构在医学教育、医学研究和医疗卫生等领域的深入交流与合作。北京大学与联合国教科文组织合作，启动"非洲女童健康教育"项目，重点在营养、卫生、人身保护、心理健康、全面性教育和暴力预防等领域支持非洲女童的学校健康教育。北京大学还积极推动国际化育人，培养卓越人才。例如，学校与联合国教科文组织、国际大学生体育联合会签署合作协议，实现学生实习项目机制化，支持学生赴国外顶尖教育科研机构和企业开展科研实践，培养具有国际竞争力的拔尖人才。北京大学还通过校际和院系间的学生交换项目、国家派出项目、联合培养、暑期学校、国际学科竞赛、学生个人境外交流等多种形式促进国际培养。

清华大学通过其"国际化能力提升计划"（简称"2020计划"），不断拓展全球合作伙伴关系，建立了多个国际科研合作基地和智库。他们与包括美国麻省理工学院、英国剑桥大学、德国亚琛工业大学等在内的近二十所世界一流大学建立了框架合作协议关系。清华大学高度重视与"一带一路"共建国家的科研合作，如与中国—印尼高温气冷堆联合实验室的合作项目。清华大学还致力于搭建高水平涉外科研合作平台，如与德国亚琛工业大学、加拿大阿尔伯塔大学等共建的联合实验室。清华大学与英国剑桥大学、帝国理工学院、日本东京大学、加拿大多伦多大学、阿尔伯塔大学、德国亚琛工业大学、澳大利亚新南威尔士大学等16所大学与科研机构签署了战略性科研合作协议，并启动了近200项联合种子基金项目。清华大学积极推动前沿基础科学研究，与多个国家和地区的顶尖大学和科研机构建立了紧密的合作关系。例如，清华大学网络科学与网络空间研究院参与了多个国际科研项目，如中美高速互联合作项目、下一代互联网中日IPv6合作项目等，这些项目涉及网络服务、网络运行与安全、网络技术与拓扑等多个领域。清华大学与约翰·霍普金斯大学高级国际问题研究院（SAIS）合作的全球政治与经济双硕士学位项目是中国与美国高校首次开设的全球治理双学位项目，旨在培养具有国际视野的高端治理人才。

这些项目展示了清华大学在国际科研合作与交流方面的广泛参与和深入合作，不仅提升了清华大学的科研水平，也促进了学科建设，培养了具有国际视野的优秀人才，并增强了清华大学学术科研的国际影响力和知名度。

这些案例表明，中国的高等教育机构正积极参与国际科研合作与交流，通过建立国际合作项目、引进国际人才、建立国际科研平台等方式，不断提升自身的国际竞争力和影响力。这些举措有助于推动科学研究的国际交流，也有助于培养具有国际视野的创新型人才。

第三节　全球化与教育国际化的深度融合趋势

全球化与教育国际化的深度融合趋势是指在全球化背景下，教育领域内部和外部之间日益紧密的联系和互动。随着全球化的发展，教育资源不再局限于特定国家或地区，而是通过国际化的教育项目和在线平台实现了全球范围内的共享。这包括国际学校的建立、跨国教育的推广，以及在线教育平台的普及。全球化促进了国际学生的流动，他们可以在不同的国家和地区接受教育，这不仅丰富了他们的文化体验，也促进了不同文化之间的理解和尊重。教育机构之间建立的合作关系日益增多，包括联合研究、教师和学生交流项目、国际联合实验室等。这些合作有助于推动学术研究的发展，促进知识的传播和创新。全球教育政策的变化，如国际教育标准的制定、教育技术的应用等，对各国的教育体系产生了深远的影响。这些政策的变化需要各国教育机构适应和调整，以保持竞争力。全球化也促进了全球教育治理的发展，包括国际教育组织、合作框架和协议的建立，这些机制有助于协调和推动全球教育的发展。

全球化与教育国际化的深度融合趋势意味着教育领域更加开放、包容和多元，各国教育机构需要适应这一趋势，通过合作与交流，共同推动教育的发展和创新。

这一趋势强调以跨国界、跨文化和全球化视野来看待教育的主要功能和目标，促进全球范围内教育的共同发展。教育国际化的内涵涉及多领域、多层面、多向度，包括从高等教育向初等教育甚至小学教育的扩展，从学历教育转向培训教育、个性教育等多类型教育，以及从单一的留学生教育转向科研合作、产业合作等多领域的合作。

在高等教育领域，学科分布越来越多元化，教育理念由"教"到"育"的转变，教育国际化的形式和内涵发生质的转变，教育对象和教育层次得到进一步扩展，以及国际教育正在从作为一个附加选项或一种培养方案的特色逐渐转变为一种嵌入式的需要，进入到核心组成。这些趋势反映了对全球化时代教育发展的深刻理解和对未来教育发展方向的积极应对。

从中国的角度来看，教育国际化的发展与构建人类命运共同体的理念高度契合。中国积极推动教育国际合作，一方面要坚定文化自信，深化中外人文交流，为构建人类命运共同体提供有效路径；另一方面要为建设教育强国而努力，服务于中华民族伟大复兴的宏伟目标。

关于全球化与教育融合，一个显著的案例是清华大学的全球融合式课堂项目。该项目于 2020 年启动，旨在通过世界慕课与在线教育联盟，推动国际合作和知识共享。清华大学向境外高校开放了 49 门课程，吸引了 400 余位境外学习者和 70 余名清华学生参与。这些课程实现了海内外大学生"同上一堂课"，促进了跨国界、跨学科的融合和交流。此外，清华大学还推出了全球公开课，如"摆脱贫困的中国道路"和"冬奥会与冰雪运动"，这些课程吸引了全球范围内的学习者，旨在推广中国的发展经验和贡献，促进教育公平。高等教育通过信息化手段和创新的国际合作方式，推动全球教育资源的共享和优化，从而实现全球化与教育国际化的深度融合。

全球化与教育国际化的深度融合趋势体现在教育视野的拓宽、参与国的增加、教育行为的组织化、内涵的多样化、内生动力的增强和基础条件的完善等方面。这一趋势不仅关注国际教育的共同价值和责任，也强调以多方协商的方式解决教育国际化进程中的特殊问题，进而推动全球教育的共同进步和发展。

第四节　国际教育应对未来挑战的策略与建议

国际教育的未来将面临多种挑战，这些挑战可能会影响全球教育体系的发展和学生的学习体验。

一、国际教育未来的挑战

（一）经济波动和国际政治关系紧张

经济波动和国际政治关系紧张可能导致教育投资减少。政治不稳定可能导致教育政策的频繁变动，影响国际教育项目的可持续性。经济波动可能导致政府和个人在教育上的投资减少。在经济衰退期间，政府可能会削减教育预算，企业可能会减少对教育项目的赞助，个人和家庭可能会减少对教育的私人投资。国际政治关系的紧张可能导致国际教育项目的中断，政治不稳定可能导致教育政策的频繁变动，这可能会影响教育体系的连贯性和稳定性，进而影响教育质量和对国际教育项目的吸引力。经济波动和政治不稳定可能导致教育资源的分配更加不均，尤其是在贫困地区和边缘群体中，这可能会加剧教育的不平等。国际政治关系紧张可能限制国际教育合作和学术交流，影响知识共享和科研合作。资金减少和政策变动可能影响教育质量和研究水平，进而影响国家的整体教育竞争力。

教育领域为了更好地应对经济波动和国际政治关系紧张带来的挑战，确保教育的可持续发展和国际教育项目的稳定运行，可以采取以下措施：寻求多元化的资金来源，包括私人捐赠、国际援助和公私合作伙伴关系，以减少对单一经济来源的依赖。根据经济和政治环境的变化，灵活调整国际教育项目，包括在线和远程教育项目的开发。政府应努力保持教育政策的稳定性，为教育体系提供连贯的发展方向。投资于国内教育改革，提高教育质量和效率，以应对可能的资金减少和国际合作受限的挑战。通过加强国际教育网络和伙伴关系，促进教育资源和信息共享，增强国际教育项目的抗风险能力。

（二）技术快速变革

技术的快速发展要求教育内容和方法不断更新，以培养学生的未来技能。技术的不平等访问可能导致全球教育机会的不公平分布。在全球范围内，技术资源的分配并不均匀。一些地区和学校可能无法提供最新技术设备和学习工具，这可能导致教育机会的不平等。例如，在线学习、虚拟实验室、智能教室等先进教学方法可能只限于有资源的地区和学校。

为了减少技术不平等对教育机会的影响，政府可以提供资金和技术支持，帮助资源匮乏的学校更新设备和技术基础设施。利用远程教育技术，如在线课程、虚拟现实和增强现实，使学生即使在资源有限的环境中也能接触到高质量的教育资源。通过公共 Wi-Fi、社区学习中心等方式，缩小数字鸿沟，使更多人能够访问互联网和在线学习资源。教育机构可以与企业、非政府组织和政府合作，共同提供技术资源和培训。

（三）竞争加剧

随着越来越多的教育机构进入国际市场，竞争变得越来越激烈。保持教育质量成为吸引国际学生的关键因素。

确保教师和学术人员具有高水平的资质和经验，以及持续的专业发展机会。定期更新课程内容，确保其与最新的学术研究和行业实践保持同步。鼓励教师和研究人员进行创新研究，并利用最新的技术工具和方法来提高教学效果。提供全面的学生支持服务，包括学术辅导、职业规划、心理健康支持等，以帮助学生取得成功。获得国际认证和认可，如 ISO 9001 质量管理体系认证、专业协会认证等。收集并重视国际学生的反馈，了解他们的需求和期望，并据此改进教育服务。建立和维护与全球其他教育机构的合作关系，共享资源、知识和最佳实践。营造一个包容性的学习环境，尊重和庆祝文化多样性，以吸引和留住国际学生。通过有效的市场营销策略和品牌建设，提升教育机构的知名度和声誉。实施持续改进流程，定期评估教育质量，并根据结果进行必要的调整和优化。

（四）文化多样性和包容性

教育机构需要适应不同文化背景的学生，提供更加包容和多元的教育环境。非英语国家的学生可能面临语言障碍，需要额外的语言支持。

提供英语作为第二语言（ESL）或英语作为外语（EFL）课程，帮助学生提高英语水平，以更好地适应学术课程。组织语言交流伙伴计划，让英语母语的学生与非英语国家的学生配对，通过日常交流提高语言能力。提供丰富的语言学习资源，如在线课程、应用程序、书籍和视听材料，以支持学生的自主学习。提供学术写作和口语练习的支持，帮助学生提高学术英语的准确性和流利度。提供文化适应辅导，帮助学生了解和适应新的文化环境，包括社会习俗、学术期望和交流方式。采用灵活的教学方法，如小组讨论、案例研究、角色扮演等，以促进学生的积极参与和语言实践。利用多媒体教学资源，如视频、音频和图形，以帮助学生通过视觉和听觉渠道学习英语。如果可能，将课程材料本地化，以便非英语国家的学生更容易理解和使用。组织多元文化活动，促进不同文化背景学生之间的交流和理解。

（五）教育质量和认证

不同国家之间的教育质量和认证标准可能存在差异，这可能会给国际学生和教育工作带来挑战。为了促进教育交流和合作，以及确保国际学生的学历得到认可，需要国际协调和认可。

制定和推广国际教育标准，如国际文凭组织（IBO）的课程和欧洲学分互认体系（ECTS）等，这些标准可以帮助不同国家的教育体系相互理解和认证。教育机构可以通过获得国际认证，如美国新英格兰院校协会（NEASC）认证等，来证明其教育质量达到国际标准。各国之间签订学分互认协议，允许学生和教师在不同的教育机构之间自由流动，并且保证他们的学术成就得到认可。通过国际教育合作项目，如交换项目、双学位项目、联合研究等，促进不同国家教育机构的交流和合作。建立国际教育和培训机构网络，分享最佳实践和资源，提高教育质量和认证标准。举办国际教育论坛和会议，讨论和解决教育质量和认证标准方面的挑战和问题。政府和国际组织可以提供支持和指导，促进国际教育标准和认证的协调与认可。不同国家之间的教育质量和认证标准得到协调和认可，能够促进国际教育交流和合作，为国际学生和教育工作提供更多的机会和选择。

（六）法律和伦理问题

国际教育机构需要遵守各种数据保护法规，保护学生隐私。在线教育的发展给知识产权保护和共享带来了新的挑战。

对教师和学生进行版权意识教育，强调知识产权的重要性，并教授如何合法使用和分享内容。在教学中使用已经获得适当许可的材料，避免侵犯他人的版权。指导学生和教师如何创作自己的内容，并了解他们的权利和义务。使用技术手段，如数字版权管理（DRM）系统，来保护教育内容不被非法复制和分发。鼓励和教育机构、教师和学生使用开放教育资源，这些资源通常以自由使用和共享的方式发布。与合作伙伴签订知识共享协议，明确内容共享的条件和限制。探索创新的共享模式，如基于使用权的共享，以平衡知识产权保护和知识共享的需求。

（七）全球化和本地化的平衡

教育机构在全球化课程内容和本地化需求之间找到平衡，并与当地就业市场保持一致，对于确保学生的就业前景至关重要。

进行深入的市场调研，了解当地就业市场的需求和趋势，以及行业发展的关键技能要求。与当地企业、行业协会和政府机构建立合作关系，确保课程内容与实际工作需求相匹配。设计灵活的课程，让学生根据自己的兴趣和职业目标选择不同的课程模块。提供实习、工作体验和项目合作等实践机会，帮助学生将所学知识应用到实际工作中。提供职业规划服务，帮助学生了解不同行业的职业路径，制订个人职业发展计划。培养学生的跨文化交流能力，包括语言技能、文化敏感性和国际视野，以适应全球化的工作环境。定期更新课程内容，确保其反映最新的行业发展和技术进步。在课程中融入国际视野和本土实践，使学生能够理解全球趋势并将其应用于本地环境。建立强大的校友网络，为学生提供职业发展和就业机会的信息和资源。定期评估课程与就业市场的一致性，并根据反馈进行调整和改进。

（八）新兴市场的机会和挑战

新兴市场的增长为国际教育提供了新机会，但同时也带来了适应本地需求和文化的挑战。新兴市场的增长为国际教育机构提供了新的学生来源和合作伙伴关系，增加了国际教育项目的潜在参与者。

国际教育机构需要了解并适应新兴市场的特定需求和期望，包括教育标准、教学方法、课程内容等。在不同的文化背景下，教育机构需要尊重和理解当地的文化差异，并将其融入教育实践中。在非英语国家，语言可能是最大的障碍之一。国际教育机构需要提供额外的语言支持和翻译服务，确保学生能够充分理解课程内容。国际教育机构需要获得当地教育部门的认证和许可，确保其教育项目和课程得到认可。制定本土化策略，包括本地化课程内容、聘用当地教师、建立本地合作伙伴关系等，更好地满足当地学生的需求。新兴市场可能已经有本地教育机构，国际教育机构需要制定有效的市场进入策略，在竞争中脱颖而出。了解并遵守新兴市场的教育政策、法规和关税，确保合规性并减少潜在的法律风险。

（九）教育公平和可及性

教育公平使所有学生都能获得高质量的教育，是国际教育面临的重要挑战。所有学生都有平等地获取教育资源的机会，包括高质量的教学材料、技术设备、网络连接等。这可能需要政府的投资和政策支持，确保资源能够公平地分配到所有学校和社区。消除任何形式的歧视，确保所有学生，无论其社会经济背景、种族、性别、残疾状况等，都能获得平等的教育机会。这可能需要制定和实施反歧视政策，以及提供额外的支持和服务，满足不同学生的需求。

教师是实现教育公平的关键。他们需要接受培训，以适应技术环境下的教学，并能够识别和满足学生的个性化需求。这可能包括提供持续的专业发展机会，以及使用技术工具来辅助教学和个性化学习。认识到每个学生都是独一无二的，他们的学习需求和兴趣各不相同。教育应该适应每个学生的学习风格和节奏，提供个性化的学习路径和目标。这可能需要使用技术工具，如学习管理系统、教育应用程序和人工智能，来跟踪学生的进步并提供定制化的学习建议。

教育公平不仅仅是学校的事务，社区和家庭的支持对于学生的成功同样重要。通过加强社区和家庭的参与，可以提供额外的支持和资源，帮助学生克服学习障碍，实现教育目标。制定和实施支持教育公平的政策和法规，确保教育体系的设计和运行符合公平原则。这可能包括对贫困学生的资助、对特殊教育需求的支持、对残疾学生的包容性政策等。

二、国际教育机构应对挑战的策略

面对这些挑战，国际教育机构需要采取灵活和创新的策略，与各国政府、私营部门和其他利益相关者合作，共同推动全球教育的可持续发展。面对未来的挑战，国际教育应采取以下策略与建议。

（一）增强全球意识

国际教育应致力于培养学生的全球视野，让他们了解世界各国的文化、历史、经济和社会发展，以便更好地适应全球化的趋势。具体而言，从以下几个方面着手：国际教育应开设涵盖不同国家和地区的历史、文化、宗教和社会制度等课程，让学生对世界各国有一个全面、客观的了解。国际教育机构应聘请来自不同国家和地区的优秀教师，为学生提供多元化的教育资源和教育视角。国际教育应积极开展与世界各国教育机构的交流与合作，组织学生参加国际学术会议、交流活动，拓宽他们的国际视野。国际教育应鼓励学生参与跨文化实践活动，如国际志愿者项目、海外实习等，让他们在实际工作中体验不同的文化，提升跨文化沟通能力。国际教育应关注全球性问题，如气候变化、贫富差距、公共卫生等，引导学生探讨这些问题背后的原因和解决途径，培养他们的全球责任感。国际教育机构应营造一个多元、包容的校园环境，让学生在日常生活中接触和了解不同的文化，培养他们的跨文化素养。国际教育应重视学生外语能力的培养，让他们掌握至少一门外语，以便在全球化背景下更好地进行国际交流和合作。国际教育应教授学生国际礼仪和跨文化交际技巧，让他们在跨国交往中表现出尊重、理解和包容，提升个人的综合素质。通过以上措施，国际教育将有助于培养学生的全球视野，让他们更好地适应全球化的趋势，为我国和世界的发展作出贡献。

（二）提升跨文化沟通能力

在国际教育中，学生应学会尊重和理解不同文化背景的人，掌握跨文化沟通的技巧，提高在多元文化环境中的交流与合作能力。为了实现这一目标，国际教育应从以下方面进行培养：国际教育应从基础教育阶段开始，培养学生的文化意识，让他们了解世界各地的文化特点、价值观和行为规范，尊重和理解不同文化背景的人。国际教育应设置跨文化沟通相关课程，教授学生跨文化沟通的理论和技巧，提高他们在多元文化环境中的沟通能力。国际教育应鼓励学生参与国际合作项目，与来自不同国家和地区的同学共同完成任务，提高他们在多元文化环境中的团队合作能力。国际教育应帮助学生建立跨文化适应能力，让他们在面临文化冲突时能够妥善处理，保持开放的心态和积极的态度。国际教育应引导学生分析跨文化沟通的成功与失败案例，让他们从中吸取经验教训，提高自己的跨文化沟通能力。国际教育应注重培养学生的跨文化团队建设能力，让他们学会在多元文化环境中组建团队、分配任务和协调关系。

（三）强化创新能力培养

面对未来的挑战，国际教育应重视培养学生的创新思维和创新能力，鼓励他们勇于尝试新事物，提出新观点，为解决全球性问题贡献智慧和力量。具体而言，国际教育应从下面几个方向着手：国际教育应开设创新思维训练、创新方法研究等相关课程，让学生了解创新的基本理论和方法，培养他们的创新意识和能力。国际教育应注重实践性教学，鼓励学生参与科研项目、创新竞赛等活动，让他们在实践中锻炼创新能力。国际教育应打破学科界限，鼓励学生跨学科学习，培养他们的综合素质和创新能力。国际教育机构应不断尝试创新教育教学方法，如翻转课堂、项目式学习等，激发学生的创新潜能。国际教育应积极开展与世界各国教育机构的合作与交流，共享优质教育资源，推动教育理念和教学方法的创新。国际教育机构应营造一个自由、开放的学术氛围，鼓励学生敢于质疑、勇于探索，培养他们的创新精神。国际教育应关注学生的创新成果，提供相应的支持和服务，帮助他们将创新成果转化为实际应用。国际教育应开展创业教育，教授学生创业知识和技能，培养他们的创业精神和创新能力。国际教育应鼓励学生参加国际竞赛，如科技创新大赛、创业计划大赛等，让他们在国际舞台上展示自己的创新能力。国际教育应培养学生的终身学习观念，让他们在未来的学习和工作中不断充实自己，保持创新活力。国际教育将有助于培养学生的创新思维和创新能力，鼓励他们勇于尝试新事物，提出新观点，并且有助于学生在未来社会中脱颖而出，成为具有国际竞争力的创新人才。

（四）关注学生个性化发展

国际教育应尊重学生的兴趣和特长，提供多元化的课程和活动，让学生在探索和尝试中找到自己的发展方向，实现个性化成长。国际教育应注重培养学生的自主学习能力，让他们学会独立思考、解决问题和自我管理，为终身学习奠定基础。国际教育应尊重学生的兴趣和特长，提供多元化的课程和活动，让学生在探索和尝试中找到自己的发展方向，实现个性化成长。为了实现这一目标，国际教育可以从以下几个方面进行努力：国际教育机构应设计丰富多样的课程，涵盖不同学科和领域，让学生根据自己的兴趣选择学习内容。国际教育机构应关注学生的特长发展，提供相应的培训和实践机会，如艺术、体育、科技等，让学生在自己擅长的领域取得优异成绩。国际教育应鼓励学生跨学科学习，培养他们的综合素质和创新能力，让学生在多元领域中寻找自己的兴趣和发展方向。国际教育机构应为每位学生提供个性化辅导，关注他们的学习进度和需求，帮助学生解决学习过程中遇到的问题。国际教育应注重实践性教学，鼓励学生参与实践活动，如实验、实训、实习等，让学生在实践中锻炼能力、发掘潜能。国际教育机构应支持学生社团和俱乐部的建设，让学生在非正式学习环境中发展兴趣、培养特长。国际教育机构应改革学生评价体系，关注学生的个性化发展，充分挖掘和培养学生的潜能。国际教育应为学生提供职业规划教育，帮助他们了解自己的兴趣和特长，为未来的职业发展做好准备。通过以上措施，国际教育将有助于学生在国际教育环境中充分发展潜能，为未来的学习和职业生涯奠定坚实的基础。

（五）适应新技术的发展

国际教育应关注新技术的发展，将信息技术、人工智能等新兴技术融入教育教学过程，提高教育的现代化水平。国际教育应关注新技术的发展，将信息技术、人工智能等新兴技术融入教育教学过程，提高教育的现代化水平。为了实现这一目标，国际教育可以采取以下措施：国际教育机构应加强教育信息化建设，提供先进的信息技术设备和网络环境，为教育教学提供良好的技术支持。国际教育机构应搭建在线教育平台，开设网络课程，实现优质教育资源共享，让学生随时随地学习。国际教育应推广混合式教学模式，将线上教学与线下教学相结合，提高教学效果和学生的参与度。国际教育应将信息技术与课程整合，鼓励教师在教学中运用信息技术，提高教学质量和学生的学习兴趣。国际教育应探索人工智能技术在教育教学中的应用，如智能推荐学习资源、个性化辅导等，提高教学效果。国际教育应利用虚拟现实技术，为学生提供沉浸式的学习体验，如虚拟实验室、模拟实训等。国际教育机构应加强教师信息技术培训，提高教师在教学中运用信息技术的能力。国际教育应关注学生信息素养的培养，让学生掌握信息检索、筛选、处理和运用能力。国际教育应利用大数据、人工智能等技术，创新教育教学评价方式，实现对学生学习过程的全面、客观评估。国际教育应加强与世界各国教育机构的合作与交流，共同探讨新兴技术在教育领域的应用，推动教育现代化。通过以上措施，国际教育将提高教育的现代化水平，并且有助于培养具有创新精神和国际竞争力的优秀人才，为全球教育发展作出贡献。

（六）建立健全质量保障体系

国际教育应建立健全质量保障体系，确保教育质量和学术水平，为学生提供优质的教育服务。为了实现这一目标，国际教育应从以下几个方面着手：国际教育机构应制定一套科学、合理的教育标准，涵盖课程设置、教学质量、学术研究等方面，确保教育质量和学术水平。国际教育机构应重视教师队伍建设，聘请具有丰富教学经验和学术背景的教师，提高教学水平和学术研究能力。国际教育机构应建立健全教学质量监控体系，定期对教学质量进行评估和检查，确保教学活动符合教育标准。国际教育机构应鼓励教师和学生开展学术研究，提供充足的科研经费和设施支持，提高学术研究水平。国际教育机构应建立一套全面、客观的学生评价体系，关注学生的学术表现、综合素质和创新能力，为教育质量提供反馈。国际教育机构应积极参与国际认证与评估，如 QS 世界大学排名、泰晤士高等教育世界大学排名等，提高教育质量和学术水平的国际认可度。国际教育机构应与其他优质教育机构共享教育资源，如在线课程、学术讲座等，提高教育质量和学术水平。国际教育机构应关注学生权益保障，建立健全学生投诉和建议机制，确保学生得到公平、优质的教育服务。国际教育机构应不断关注教育领域的发展动态，积极引进先进的教育理念和方法，持续改进教育质量和学术水平。国际教育机构应加强与政府部门、企业、社会团体等的合作与交流，共同推进教育质量和学术水平的提高。通过以上措施，国际教育将建立健全质量保障体系，确保教育质量和学术水平，为学生提供优质的教育服务。这将有助于国际教育在全球化背景下发挥更大的作用，为培养具有国际竞争力的优秀人才奠定坚实的基础。

结　语

在数字技术的推动下，全球教育正在经历深刻变革与转型。国际教育合作交流在数字教育领域展现出诸多新趋势，同时也面临一系列挑战。

2023年11月联合国教科文组织在第42届大会上通过了"1974建议书"的修订版，即《关于促进和平与人权、国际理解、合作、基本自由、全球公民意识和可持续发展的教育的建议书》（简称"修订版建议书"）。这份修订版建议书在原有的基础上进行了重大更新，旨在继续推动和平、合作、国际理解、基本自由、全球公民意识和可持续发展的教育的发展。修订版建议书还关注并强调发展个体"社会情感"，突出课程与教学改革，关注教师专业发展，并针对各级各类教育均有相应部署，以实现"变革性教育"的诉求。这次修订是对1974年原版建议书的重大更新，反映了教育在全球范围内的重大变革，特别是在数字技术的推动下，教育正在经历一场深刻的转型。

中国于2024年1月在上海举办了世界数字教育大会，以"数字教育：应用、共享、创新"为主题，深入探讨数字教育实践创新，以及借教育数字化推动包容、公平优质教育并助力联合国可持续发展目标实现，涵盖教师数字素养、数字化与学习型社会建设、数字教育评价等多方面议题。

综上所述，国际教育合作交流的趋势和挑战主要体现在以下四个方面。

①深化和平内涵与教育变革：教育内涵拓展，不仅要消除战争冲突，更要通过包容民主参与式进程保障人类安全、尊重主权领土完整、促进对话团结。要培养学生和平与全球公民意识，助其理解尊重多元文化观点，融入全球化构建和谐关系，理解全球性问题并通过国际合作解决，课程融入多元文化，培养批判性思

维与解决问题的能力，开展和平教育课程传授冲突解决方法，使学生成为具有全球视野、包容心与和平意识的公民，助力构建美好世界。

②凝聚各国共识：强调"12项素养"，如培养分析性和批判性思维以解析复杂问题与评估信息，预见技能应对未来挑战，尊重多样性，在复杂情境中做道德伦理判断，具备有效沟通协作促进团队与跨文化交流能力，适应新环境变化调整自身，创新思维与创造力提新想法，自我管理包括时间情绪与自我激励，持续学习，运用数字技术学习沟通创造，认识全球问题与跨文化沟通，有环境保护与可持续发展意识及行动责任感等，以塑造适应全球变革时代、能有效参与国际合作、解决全球性问题的公民。

③教育治理数字化与数字教育治理：全方位推进教育数字化，重视终身与全方位教育及可持续发展教育。借助数字工具平台，如在线课程等提供多元学习体验资源，提升师生数字素养，鼓励终身学习，提供多样的学习途径满足不同需求，促进环境认知尊重、社会公正平等、经济增长福祉相关技能知识培养，使教育体系契合现代社会需求，培养适应全球化数字化时代公民，彰显教育在可持续发展等方面的关键作用。

④提升国际协作力度，直面数字教育治理的难题与挑战：共同制定国际标准规则保障数字教育品质安全，深化国际伙伴关系，统一各国数字教育步伐并交流经验资源，为教育从业者提供技术援助与职业培训，使其熟练运用数字化教学工具平台，以此保障数字教育全球推行，化解数据隐私、网络安全、数字差距等治理难题，经国际合作推动其持续健康发展。

展望未来，国际教育合作交流趋势显著增强。科技进步与全球化发展促使其交流形式更多样，从传统模式拓展到在线教育等新兴形式；合作领域更宽广，涵盖多层面教育；合作机制更深入，注重长期稳定关系构建以实现资源共享优势互补；文化交流更融合，着重跨文化理解与全球公民素养培育。未来国际教育合作交流将更紧密高效，为全球教育创新注入强大的动力，推动教育资源共享、理念交流、模式创新，培养复合型创新型人才，为构建人类命运共同体贡献力量。

参考文献

[1] 罗善毅，甘小梅."一带一路"背景下民办高校中外合作办学新思考 [J]. 公关世界,2024(18):45−47.

[2] 段世飞. 高等教育国际化数字变革的国际经验与本土行动 [J]. 贵州师范大学学报 (社会科学版),2024(4):107−118.

[3] 王中光."一带一路"倡议下地方应用型高校国际教育发展路径探析 [J]. 桂林航天工业学院学报,2024,29(3):320−324.

[4] 黄志成，魏晓明. 跨文化教育——国际教育新思潮 [J]. 全球教育展望,2007(11):58−64.

[5] 钟秉林，南晓鹏. 后疫情时代我国高等教育发展的宏观思考 [J]，教育研究，2021,42(5):108−116.

[6] 康凯，高晓杰. 提升高等教育竞争力是我国高教强国建设的核心 [J]. 国家教育行政学院学报，2019(7):8−13.

[7] 王栋，高丹. 近年来西方学界对全球化的研究评述 [J]. 国外理论动态,2022(3):131−141.

[8] 王剑波，宋燕，刘媞. 中外合作办学引入国际教育资本的研究 [J]. 现代大学教育,2020(2):105−111,113.

[9] 娜迪拉·阿不拉江，段世飞. 全球教育治理视域下我国参与国际教育规则制定的困境与突围 [J]. 重庆高教研究,2020,8(4):111−119.

[10] 张蕊. 国际交流合作背景下高校科研与人才培养模式改革 [J]. 中国高校科技,2018(6):41−43.

[11] 袁利平，王垚赟. 新时代中国参与全球教育治理：成就、挑战与应对 [J]. 学术界,2021(9):66−77.

[12] 菲利普·G. 阿特巴赫，西蒙·马金森，等. 后疫情时代高等教育国际化的未来走向 [J]. 高校教育管理,2022,16(1):1−14,86.

[13] 李军，段世飞，胡科. 高等教育国际化的阶段特征与挑战 [J]. 高教发展与评估,2020,36(1):81−91,116.

[14] 阿特巴赫. 高等教育变革的国际趋势 [M]. 蒋凯，译. 北京：北京大学出版社，2009.

[15] 霍少波.高等教育国际化的两种取向 [J].高教探索 ,2020(10):13-22.

[16] 王栋 ,高丹.数字全球化与中美战略竞争 [J].当代美国评论 ,2022, 6(2):25-43,123.

[17] 张俊宗.教育国际化:构建人类命运共同体的重要力量 [J].高校教育管理 ,2020,14(2):21-28,36.

[18] 于竞 ,胡雪丹."一带一路"背景下基于产教融合机制的国际教育合作模式新探 [J].世界教育信息 ,2018,31(21):6-8.

[19] 吴坚 ,黄海蓉.海南自贸港建设国际教育创新岛的机遇、挑战与路径 [J].南海学刊 ,2024,10(2):70-79.

[20] 韩宛陆.高校汉语国际教育专业学生职业价值观的培养 [J].新课程研究 ,2024(9):80-82.

[21] 姜泓列.国际组织和区域的双边高职教育创新发展研究 [J].辽宁高职学报 ,2024,26(3):18-21.

[22] 梁木.陕西高等教育"一带一路"国际合作评估及行动策略 [J].唐都学刊 ,2024,40(2):56-61.

[23] 刘静 ,张美云.中文国际传播视域下国际中文教育人才培养模式建构——以三亚学院为例 [J].文化创新比较研究 ,2024,8(7):147-151.

[24] 李康华 ,吴月竹.国际教育的挑战——跨文化的国际情怀的培养为何如此困难 ?[J].基础教育 ,2024,21(1):19-30,40.

[25] 赵金色."一带一路"背景下内蒙古高校蒙俄留学生文化交流研究 [J].内蒙古财经大学学报 ,2024,22(1):26-29.

[26] Brown T. ,刘媛.以国际教育变革力为动力塑造我们的世界 [J].教育国际交流 ,2024(1):75-79.

[27] 周广瑞.汉语国际教育中文化传承与创新教学策略研究 [J].文教资料 ,2024(1):137-139,143.

[28] 乔月 ,红鸽.区域高校汉语国际教育本科专业 ESP 教学实施路径探索 [J].文教资料 ,2024(1):195-197,201.

[29] 郁云峰.扎实做好民间教育国际交流切实服务教育强国建设 [J].神州学人 ,2024(1):16-17.

[30] 蒋明霞."一带一路"视角下我国职业教育国际化发展的理念与路径 [J].公关世界 ,2023(24):76-78.

[31] 黄静 ,江雪 ,唐海翔.探索国际教育新路助推中外人文交流 [N].广西日报 ,2023-12-22(10).

[32] 李先军 ,孙莉.国际视野下教育史研究的热点主题、演变特征以及前沿预测 [J].苏州大学学报 (教育科学版),2023,11(4):112-125.

[33] 河北省国际教育交流服务中心优势项目介绍 [J].河北教育 (综合版),2023,61(12):33-36.

[34] 陈佳蓓.打造一流国际教育交流平台 [J].河北教育 (综合版),2023,61(12):65.

[35] 薛梦晨.数字技术对国际中文教育知识传播的影响研究 [D].济南:山东大学 ,2023.

[36] 中国教育国际交流协会.中国—中东欧国家教育合作优秀案例选编 [M].北京:中国人民大

学出版社，2023.

[37] 刘洋，杨东平．绘就"一带一路"教育交流合作"工笔画"[J].经济,2023(12):50-53.

[38] 吉芊融．国际化趋势下中国地方高校外事工作管理研究 [J].国际公关,2023(22):185-187.

[39] 程晓琳．江苏扩大国际教育交流"朋友圈"[N].新华日报,2023-11-20(002).

[40] 河北省国际教育交流服务中心优势项目介绍 [J].河北教育（德育版),2023,61(11):33-36.

[41] 佟灵玉．"一带一路"倡议下汉语国际教育发展现状及对策 [J].国际公关,2023(21):185-187.

[42] 宋姣洋．新时代背景下加强大学生国际教育的有效途径探索 [J].国际公关,2023(21):179-181.

[43] 杨启光，王帅杰．文化国际主义与国际交流合作：一种理想类型的历史考察 [J].国际观察,2023(6):127-154.

[44] 刘峣，汪灵犀．推动国际教育合作促进文明交流互鉴 [N].人民日报（海外版),2023-11-04(003).

[45] 赵越，王启林．新文科建设背景下汉语国际教育专业人才培养路径研究 [J].科教文汇,2023(20):69-72.

[46] 于迅．"一带一路"与中国国际教育发展 [J].山西财经大学学报,2023,45(S2):234-236.

[47] 杨姝，许姗姗，李健．高等职业教育国际化发展的比较与借鉴 [J].职业教育,2023,22(30):64-69.

[48] 秦惠民，王名扬．"一带一路"十周年：我国高等教育国际交流与合作的政策、成效与新格局 [J].中国高等教育,2023(20):37-41.

[49] 张钦，刘悦淼．汉语国际教育实践教学体系建构 [J].品位·经典,2023(19):39-41.

[50] 李晓燕，钱芳．高职院校"海外共融"国际教育合作新路径研究——以广州华商职业学院为例 [J].广东职业技术教育与研究,2023(9):77-80.

[51] 张严秋，汪璇．从名称变迁探讨国际中文教育的内涵与外延 [J].通化师范学院学报,2023,44(9):130-133.

[52] 李振玉，曹玉莹．澳大利亚国际教育的发展目标与战略举措 [J].宁波大学学报（教育科学版),2023,45(5):93-100.

[53] 霍琳．"一带一路"视角下我国职业教育国际化发展的理念与路径 [J].国际公关,2023(16):137-139.

[54] 昝玉冰，孟倩．"互联网+"背景下在地国际化人才培养模式研究 [J].科教文汇,2023(15):44-46.

[55] 朱旭，张馨宁．"一带一路"十周年中国参与全球教育治理的回顾与展望 [J].当代教育论坛,2023(5):24-32.

[56] 张民选．在做实国际教育合作中助推"一带一路"建设 [J].比较教育研究,2023,45(8):7-8.

[57] 庞明，屈文超．国际交往中心建设背景下北京教育国际化高质量发展路径研究 [J]. 北京联合大学学报 ,2023,37(4):8-13.

[58] 杨启光．高水平教育对外开放：现实逻辑、基本特征与实践路径 [J]. 南京社会科学 ,2023(7):113-124.

[59] 陈雯雯．信任文化视角下澜湄区域跨境高等教育合作研究 [D]. 昆明：云南师范大学 ,2023.

[60] 李麟．发达经济体国际教育合作与交流政策转型趋势研究 [J]. 国际教育学 ,2022,4(4).

[61] 任海蒙．一带一路背景下中拉农业高等教育合作研究 [D]. 绵阳：西南科技大学 ,2022.

[62] 林欣欣．互联网环境下国际教育平台项目开发研究 [D]. 重庆：西南大学 ,2022.

[63] 周言艳．中俄教育交流与合作问题研究 [D]. 北京：北京外国语大学 ,2021.

[64] 阮琪．英国高等教育对外合作办学政策的发展历程及其基本特征 [D]. 西安：陕西师范大学 ,2021.

[65] 蔡新宇．中国与俄语区国家教育合作及模式评价研究 [D]. 北京：北京交通大学 ,2021.

[66] 刘萍．高校国际教育理论与实践 [M]. 武汉：武汉大学出版社，2020: 318.

[67] 杨薇．中国与"一带一路"共建五国派出和接收留学生教育研究（1978-2018）[D]. 天津：天津师范大学 ,2020.

[68] 厉梦圆．"一带一路"背景下甘肃与中亚高等教育合作研究 [D]. 上海：华东师范大学 ,2019.

[69] 刘琪．中俄高等教育合作办学人才培养模式研究 [D]. 厦门：厦门大学 ,2019.

[70] 赵欢．民办本科高校国际教育与交流现状与对策研究 [D]. 武汉：华中师范大学 ,2018.

[71] 李晓，王一玲，颜莉，等．全球视域下的国际理解教育 [M]. 武汉：武汉大学出版社 ,2017.

[72] 刘小燕．公共外交视角下的老挝与中国高等教育合作交流研究 [D]. 南宁：广西民族大学 ,2017.

[73] 刘常庆．高等教育国际化规范与挑战—法律的视角 [D]. 上海：华东师范大学 ,2017.

[74] 朱耀顺．中国—东盟高等教育国际合作机制研究 [D]. 云南：云南大学 ,2016.

[75] 申建良．中国新疆与中亚国家高等教育合作研究 [D]. 乌鲁木齐：新疆农业大学 ,2014.

[76] 马毅飞．中美国际教育政策研究 [D]. 上海：华东师范大学 ,2014.

[77] 戴福祥．我国高等教育国际合作教育模式创新研究 [D]. 武汉：武汉理工大学 ,2011.

[78] 温雪梅．教育国际化与中国高等教育国际化服务发展研究 [D]. 长沙：湖南师范大学 ,2010.

[79] 沈俊强．中国与联合国教科文组织教育合作关系的研究 [D]. 上海：华东师范大学 ,2009.

[80] 叶星．论国际教育合作与其对增强我国软实力的启示 [D]. 武汉：华中师范大学 ,2006.

[81] 江彦桥．我国对外教育政策研究 [D]. 上海：华东师范大学 ,2006.

[82] 刘荣山．国际合作高等教育的产业化发展研究 [D]. 武汉：武汉理工大学 ,2004.